金融数据资产

FINANCIAL
DATA
ASSETS

账户、估值与治理

杨农　刘绪光　李跃　郑旭◎著

中国金融出版社

责任编辑：王雪珂
责任校对：潘　洁
责任印制：陈晓川

图书在版编目(CIP)数据

金融数据资产：账户、估值与治理 / 杨农等著. — 北京：中国金融出版社，2022.3

ISBN 978-7-5220-1566-8

Ⅰ.①金… Ⅱ.①杨… Ⅲ.①商业银行 — 数据管理 — 研究 Ⅳ.① F830.49

中国版本图书馆CIP数据核字 (2022) 第046432号

金融数据资产：账户、估值与治理
JINRONG SHUJU ZICHAN: ZHANGHU GUZHI YU ZHILI

出版
发行　**中国金融出版社**

社址　北京市丰台区益泽路2号
市场开发部　(010) 66024766，63805472，63439533 (传真)
网 上 书 店　www.cfph.cn
　　　　　　　(010) 66024766，63372837 (传真)
读者服务部　(010) 66070833，62568380
邮编　100071
经销　新华书店
印刷　保利达印务有限公司
尺寸　169毫米×239毫米
印张　12
字数　141千
版次　2022年5月第1版
印次　2022年5月第1次印刷
定价　56.00元
ISBN　978-7-5220-1566-8
如出现印装错误本社负责调换　联系电话 (010) 63263947

现阶段，数字经济正引领着新基建的发展，数据作为关键生产要素，已经成为推动我国经济增长的重要力量。2022 年 1 月 12 日，国务院印发的《"十四五"数字经济发展规划》提出，数字经济是重组全球要素资源、重塑全球经济结构、改变全球竞争格局的关键力量。有市场机构预测，全球数据量在 2025 年将达到 163ZB，无论是来自消费者端，还是来自企业级市场的数据量都将呈现爆发式增长，数字经济正渗透进生产生活的各个领域。

相较于传统经济，数字经济以技术驱动，通过对数据资产的采集、管理和应用，助力我国经济发展从粗放型、中低质量向集约型、高质量模式转型。无论是在国家层面还是在企业层面，数据资产的重要性都不言而喻。尤其对商业银行、保险等金融机构而言，大数据的挖掘和应用不仅可以在提升用户体验的同时降低交易成本，还可以辅助业务创新，协助提高科学决策水平。

一、挖掘数据要素价值，丰富数据资产应用场景

进入数字经济时代，随着信息技术的不断更新迭代，商业银行的数据应用场景不断丰富。如在精准营销、风险控制等领域，数据已经发挥了巨大的作用。但由于数据权属、隐私保护等方面仍不完善，银行数据与充分实现其商业价值之间还有较大距离。未来的银行将是开放的银行，数据将起到决定性作用。要充分挖掘数据价值，实现数据从资源到资产的转变，商业银行就需要从内部运营和外部生态两个方面改变传统的运营模式。

从内部运营看，商业银行在发展过程中积累了大量的数据，通过对内部的运营数据进行整理和分析，将其转变为线上化、自动化的信息，从而优化业务流程、辅助经营决策，进而提升盈利能力。如利用交易记录、税费缴纳等数据，为用户提供精准贷款；利用消费、资产负债等数据为用户提供定制化的理财产品、保险产品等。

从外部生态看，随着银行业进入"Bank4.0"时代，商业银行还需要进一步拓宽金融服务的外部生态，丰富数据资产的应用场景。在这个过程中，银行需要借助 API/SDK 等技术手段，打通过去的金融服务壁垒，通过开放银行及物联网连接数据资产和实物资产，从而为客户提供存贷款、投资理财、支付结算、私人银行、新型供应链金融等各类产品和服务。

二、发挥数据要素动能，建立数字资产账户

当数据从资源转化为资产后，需要建立相应的数据资产账户体系来整合不同来源的数据资产，才能充分发挥数据资产的动能。数据资产账户可以作为数据资产收集、存储和使用的管理工具，连通企业、银行乃至政府的数据，完成中后台数据的积累和整合；还可以通过统一账户打通多个平台，有效赋能客户经营，并通过多种权益真正体现客户数据资产的价值，实现产业链数据资源的挖掘和变现。

目前许多商业银行正在全力打造数据资产账户体系，依托设立商业银行和用户的统一接入和输出标准，通过开放银行组件化、标准化输出商业银行的产品、金融和科技能力，对接企业 ERP、CRM、OA 等系统，以及外部合作服务商，打通企业产业链数字化的各个环节，从而实现商业银行与企业的信息流、资金流、物流的全面连接，最终帮助企业用户挖掘、管理自身数据资产，提升价值。

三、提升数据要素质量，强化数据资产治理

提升数据要素的质量，关键还在于要强化数据资产的治理。在数据资产不断发挥作用的今天，增强数据治理和应用能力已经成为金融机构提升竞争力的重要途径。随着《中华人民共和国数据安全法》《中华人民共和国个人信息保护法》的相继出台，金融机构数据治理就必须要以信息数据安全和监管合规为核心。要通过针对性的数据资产治理框架以及举措，实现数据资产治理的可控，将数据资源转化为优质的数据资产。

当前越来越多商业银行已经将数据资产治理提升至战略方针层面，通过建立职责清晰的数据治理架构，将数据治理融入经营管理、业务推动以及风险管控的全流程。同时在体制机制层面，从组织结构、企业文化、业务流程、预算投资等方面，进行相应调整，从数据要素的采集、使用以及监管等各个环节实现数据资产的管理和质量的把控，从而实现数据资产质量的实质提升，最大程度发挥数据资产的价值。

四、促进数据要素流转，实现数据资产交易市场化

数据资产的市场化交易与数据资产的定价有着密不可分的内在联系，而一个市场化的定价需要以数据资产的估值为基础。目前尚未有成熟的数据资产估值方法，传统的三种无形资产评估方法在应用于数据资产估值时各自都有相应的适用性，但也都存在一定的局限。与传统资产相比，数据资产的种类更多、价值易变、应用场景更加丰富，因此要有效评估数据资产价值，就必须充分考虑影响其价值的各项因素，包括数据要素的完整性、准确性、真实性、安全性等。

从交易市场化要素角度看，随着数据资源配置的体制机制改革，负责数据资产采集和应用的基础设施输出企业有望分享红利。目前我国的贵阳大数据交易所、上海数据交易所、北京国际大数据交易所已

经在数据资产交易上进行了实践，并且取得了一定的成果。但由于我国在数据资产的确权、价值评估、交易流转等方面仍旧存在法律和技术上的供需不均衡，未来还有很长的路要走。商业银行可以充分利用自身优势，结合大数据、云计算等新技术，实现数字经济时代下的转型发展。

随着数字经济与实体产业的深度融合，要充分发挥数据资产要素价值，就必须要解决数据资产管理、数据资产质量、数据资产价值评估等环节存在的问题。此次由杨农、刘绪光、李跃等撰写的《金融数据资产：账户、估值与治理》一书，结合数字经济发展现状及未来发展趋势，围绕数据资产的账户建设、价值评估与治理机制三个数据要素高效配置的关键环节，探讨了未来数据资产交易的可能性，并给出了相关优化建议。未来，金融机构在保障数据资产安全的同时，可以积极探索数据资产的合规使用方式，努力为人民群众提供多样、便捷、普惠的金融产品和服务！

北京大学数字金融研究中心主任

黄益平

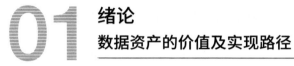

01 绪论
数据资产的价值及实现路径

随着经济社会数字化程度的持续深入，数据要素的战略资源地位日益凸显，金融机构尤其是银行和保险机构作为采集、存储和应用大量数据要素的主体，数据资产化对其提升风控定价与合规经营能力的重要性日益突出。在践行惠企利民的金融实践中，这些数据资产将与货币资金发挥同样重要的作用，共同成为金融机构赋能实体经济、践行普惠金融服务的"资本"。数据资产正在成为金融机构实现高质量发展的基础资产，其价值释放潜力可期。

账户篇
数据资产账户：数字化的身份识别与权责确认

    数据资产账户是个人或企业用于储存自身数据，并通过授权其他机构使用来获取收益或服务的管理平台。通过建立数据资产账户，一方面可以整合金融机构自身中后台积累的业务数据，另一方面可以帮助其与外部建立合作和交互，丰富数据资产的应用场景。法律上明晰产权，技术上保障安全，商务上实现激励。实践中，数据资产账户作为统筹管理数据资产要素的工具，其内涵是什么？主要功能有哪些？未来如何实现数据资产的高效使用和流转？

03 估值篇
数据资产估值：数量化的价值评估与交易流程

　　在数据资产估值环节，为了对数据要素的采集流转、处理计算、质量监测以及提供数据服务的各项成本进行记录和测度，理论上可探索建立聚焦数据要素的资产负债表，为金融机构提供标准化评估体系和可比较的评估标准。为此，有必要厘清数据资产的形成过程、明确其前置条件，还需要探索数据要素的资产负债表应该如何构建？明确其定位与基本框架。

04

治理篇
数据资产治理：数智化的激励约束与价值实现

金融机构数据治理的主要目标是提升数据资产质量，聚焦如何让数据更好地服务业务，持续合规地释放出最大价值。当前，以银行为代表的金融机构正逐步将数据资产治理工作提升至战略高度，改变数据资产治理的落后方式和理念，持续改进治理效能，对于金融机构高质量发展意义重大。但金融机构在数据质量、数据标准、数据安全、数据资产价值实现等诸多方面的改革和探索任重道远。本篇通过对我国国有商业银行、股份制商业银行、城市商业银行、农村商业银行以及互联网银行数据治理经典案例的比较分析，探索数据资产治理的数智化激励约束机制与价值实现模式。

05

价值篇
数据资产的价值提升：业务发展、技术平台和第三方合作

金融机构只有坚守数据处理、融合、应用的合规底线，统筹协调好数据资产治理与业务发展、技术平台和外包服务的关系，才能更好地将数据资源变为数据资产，合理释放数据资产的潜在价值。

保障关键业务运行是银行开展数据资产治理工作需要关注的首要任务，通过规范数据架构，从而解决制约银行业务发展的数据质量问题，提升数据资产的长期价值，保障银行稳健运营和可持续发展。本篇将具体从商业银行在数据资产治理过程中可能涉及的业务辅助，以及技术实现、合作方支持等角度，探究数据资产治理与业务发展、技术平台和第三方合作的关系。

展望篇
新时代促进数据资产价值高质量释放

从一般的字符记录到与土地、资本、劳动力、技术等生产要素并驾齐驱的生产资料，数据资产已经成为关键基础性战略资源，这个趋势的背后是中国经济的数字化转型。当前，促进数据资产价值释放、推动数据要素市场健康稳健发展，已成为数字中国建设的关键。在数字中国建设新时代背景下，要围绕数据资产账户、估值与治理三个体系，立足金融业数据资产安全合规应用，加强与云计算、大数据、人工智能、区块链等新兴技术的融合应用，从算力、算法、模型、安全等方面综合推进金融业数据资产的高质量发展。

绪论

01

金融数据资产

账户、估值与治理

数据资产的价值及实现路径

数据作为重要生产要素，广泛存在于国民经济的各个领域，是推动数字经济发展的基础和引擎。2020年4月，中共中央、国务院正式发布《关于构建更加完善的要素市场化配置体制机制的意见》，明确数据是一种新型生产要素。2021年10月，习近平总书记在中共中央政治局第三十四次集体学习中强调发展数字经济是把握新一轮科技革命和产业变革新机遇的战略选择，指出"要推动数字经济和实体经济融合发展，把握数字化、网络化、智能化方向，推动制造业、服务业、农业等产业数字化，利用互联网新技术对传统产业进行全方位、全链条的改造，提高全要素生产率，发挥数字技术对经济发展的放大、叠加、倍增作用"。2021年12月，国务院印发《"十四五"数字经济发展规划》，提出要紧扣数字经济特征优势，从要素、产业、融合、治理等方面系统布局，为"十四五"时期推动数字经济健康发展提供了重要指引。万众期待，数据要素已经成为市场经济循环体系中的重要部分，成为推动经济社会发展的重要元素与战略资源。

在数字化程度不断深入、数据要素日益重要的背景下，金融机构尤其是商业银行作为存储、处理和应用大量数据要素的主体，数据资产对其业务及发展的重要性日益突出。2022年1月，中国银保监会发布《关于银行业保险业数字化转型的指导意见》，要求从健全数据治理体系、增强数据管理能力、加强数据质量控制、提高数据应用能力四个方面提升数据治理与应用能力。在业务快速发展中，商业银行已经积累了海量的数据，这些数据资源将与货币资金发挥同样的作用，成为金融机构连接实体经济，覆盖普惠金融服务对象，践行金融为民高质量发展的基础资产，具有极高的价值潜力和战略意义。本书聚焦金融机构数据资产的价值实现，透析数据这"一类要素"成为资产的路径，比较资金与数据的资产负债表这"二张表格"的核心功能，探讨数据资产账户、估值与治理"三类体系"的建立和完善，以期为数据资产理论构建以及业务实践提供参考和借鉴。

1.1 | 数据已成为推动
经济社会发展的基础性战略资源

1.1.1 数字中国时代数据作为关键生产要素

党的十九届四中全会提出，健全劳动、资本、土地、知识、技术、管理、数据等生产要素由市场评价贡献、按贡献决定报酬的机制。《中共中央　国务院关于构建更加完善的要素市场化配置体制机制的意见》提出，加快培育数据要素市场。在国家层面，数据作为新型生产要素，可参与产出和分配。习近平总书记在中共中央政治局第三十四次集体学习时强调，发展数字经济是把握新一轮科技革命和产业变革新机遇的战略选择[①]。数据要素市场化制度建设的方向和重点改革任务进一步明确，我国正式进入数字经济"红利"大规模释放阶段。

1.1.2 数字经济周期各行业积极挖掘新要素潜在价值

当前，我国大力推动包含信息基础设施、融合基础设施和创新基础设施的"新基建"，加大重点项目投资，促进物理空间与虚拟空间的双向连接流通。一方面，在基础设施数字化的牵引作用下，传统的道路、桥梁、水利等设施数字化升级促进传统行业的数字化转型，企业趋向于

---

① 习近平总书记在中共中央政治局第三十四次集体学习时强调，把握数字经济发展趋势和规律，推动我国数字经济健康发展［N］. 新华网，2021-10-19, http://jhsjk.people.cn/article/32258262.

利用大数据、云计算、区块链等新技术手段，在网络空间创造价值。另一方面，在数字经济体系完善过程中，农业、制造业等传统产业正寻求利用数字新技术，加速产业数字化的转型与升级，不断强化以数据为驱动力，从而提高行业的整体运行效率和服务水平。

1.1.3 数字金融领域商业银行数字化转型方兴未艾

商业银行数字化转型是银行运用大数据、云计算、人工智能、区块链等金融科技手段变革银行业的经营管理和商业模式，实现商业银行从部门银行到流程银行和全渠道一体化的转化。由于大数据已经对金融生态和金融格局产生深刻影响，未来，商业银行必须要主动拥抱"大数据"，将数据资源转变为数据资产，从数据资产中洞察前沿，占据企业价值链核心位置，从而向数字化的智慧银行转型。我国商业银行目前已经积累了大量的数据，具有完备的金融科技基础设施和数据中台、后台，从而可以盘活大数据资产，充分释放数据资产价值。与此同时，手机银行、移动银行的普及也正在为商业银行获取海量的结构化和非结构化数据，为商业银行数字化转型储备了充分资源。

1.1.4 数字立法从无到有赋能数据资产价值释放

当前，数据资产已经是我国政府和企业的重要资产，但数据资产安全问题也随之而来。相关数据显示，2020年全球数据泄露的平均损失成本为1145万美元[①]。由于缺乏相关法律的保障，数据资产的价值难以得到进一步释放。但2020年至今，我国数字经济的立法进程不断推进。2020

---

① 《数据安全法》施行在即　数字经济时代如何为"数据资产"保驾护航？〔N〕. 每日经济新闻，2021-08-26，http://www.nbd.com.cn/articles/2021-08-26/1891842.html.

年9月21日，国务院国资委正式印发《关于加快推进国有企业数字化转型工作的通知》，实体企业的数字化转型方兴未艾。2021年9月1日，《中华人民共和国数据安全法》正式实施，围绕数据安全与发展、数据安全制度、数据安全保护义务、政务数据安全与开放四方面提出要求。2021年11月1日，《中华人民共和国个人信息保护法》正式实施，与《中华人民共和国数据安全法》一起，全面构筑了数据资产安全领域的法律框架。在此框架下，各机构从顶层设计指导如何规划数据资产使用战略，如何搭建数据资产安全治理的组织架构，激活各参与方的数据资产管理工作，形成常态化、科学化管理机制，树立明确的目标与方向、落实职责以保障工作的有效推进，努力探索数据资产价值释放的合理模式与可行路径。

1.2 ｜ 数据资产的界定和特征

1.2.1 数据含义

大部分研究认为数据是赋予原始、未经加工、客观存在等属性。高富平[1]（2009）提出，数据是通过特定的符号表现客观世界的事实。史宇航[2]（2017）提出数据指对客观世界策略记录的结果，是"有根据的数字"，将数据的存在形式缩小到数字范畴。随着大数据、信息技术与互联网产业等新兴事物的发展，部分学者对数据的定义做出延伸。王汉

---

① 高富平. 信息财产：数字内容产业的法律基础［M］. 北京：法律出版社，2009.
② 史宇航. 数据交易法律问题研究［D］. 上海交通上学，2017.

生[①]（2019）提出，数据要能够支撑规模化商业应用，是一种电子化记录。朱扬勇[②]等（2018）提出，大数据背景下，数据是数字经济的关键要素，是一种基础性资源生产资料。根据2020年6月28日提交全国人大常委会审议的数据安全法草案，数据是指任何以电子或者非电子形式对信息的记录。

1.2.2 资产含义

依据2001年起实施的《企业财务会计报告条例》，资产是指过去的交易、事项形成并由企业拥有或者控制的资源，该资源预期会给企业带来经济利益。在资产负债表上，资产应当按照其流动性分类分项列示，包括流动资产、长期投资、固定资产、无形资产及其他资产。银行、保险公司和非银行金融机构的各项资产中有特殊性的，按照其性质分类分项列示。

2014年起实施的《企业会计准则——基本准则》对企业资产做了更为细致的规定："资产是指企业过去的交易或者事项形成的、由企业拥有或者控制的、预期会给企业带来经济利益的资源。企业过去的交易或者事项包括购买、生产、由企业建造行为[③]或其他交易的事项。预期在未来发生的交易或者事项不形成资产。由企业拥有或者控制，是指企业享有某项资源的所有权，或者虽然不享有某项资源的所有权，但该资源能被企业所控制。预期会给企业带来经济利益，是指直接或者间接导致现金和现金等价物流入企业的潜力。"同时，该准则对资产定义中的资源进行了明确，即与该资源有关的经济利益很可能流入企业且该资源的

---

① 王汉生. 数据资产论［J］. 经济理论与经济管理，2019（06）：113.

② 朱扬勇，叶雅珍. 从数据的属性看数据资产［J］. 大数据，2018，4（6）：65-76.

③ 靳万一. 试用固定资产的会计与税务处理［J］. 注册税务师，2015（1）：48-49.

成本或者价值能够可靠地计量①。

由此可见，基于会计学的定义，资产具备如下特性：第一，资产的形成基于企业行为。形成资产的资源的获得可以基于企业购买、交易等行为或事项。第二，企业对资产背后的资源拥有所有权或控制权。因资产预期应当为企业带来收益，故企业对形成资产的资源的控制权应当包含使用权或债权等可能为企业带来挛息或其他收益的法定权利。第三，资产的最终目的或用途是为企业带来经济利益。该经济效益可以是直接的现金或现金等价物，也可以是使企业预期可获得现金或现金等价物的潜力。

1.2.3 数据是否可被认定为资产

按照一般对于数据的认知，数据是通过观察、实验或计算得出的对于特定的事物或事件的表述，数据可以是数字，也可以是文字、图像、声音等。数据作为信息的载体，主要通过信息系统的输入和输出而存在，它可以表现为数据库、文档、图片、视频等各种形式。

2009年，朱扬勇和熊赟②提出数据有物理属性、存在属性和信息属性。这个概念的提出实际上可将数据概括为在介质中现实存在的，可通过一定的设备或媒介为人所感知或认知。数据本身可能包含信息，或者单纯的没有任何意义。

依据上述对于数据属性的讨论，数据在特定情况下符合一般会计学对于资产的定义。首先，数据并非天然产生的，数据一般是通过企业的

---

① 刘磊. 新《企业所得税法》与新《企业会计准则——基本准则》的差异分析 [J]. 2007（10）：16–33.

② 朱扬勇，熊赟. 大数据时代的数据科学家培养 [J]. 大数据，2016，2（3）：106–112.

交易、内部事务处理等行为及情况下产生并存储的，例如企业的电子合同、仓单数据等。其次，企业对于因其自身行为产生的数据拥有所有权，同时在特定情况下企业对于数据也拥有使用权，如一般互联网产品对于其用户的行为数据及身份数据在授权后（一般是用户使用协议）拥有特定使用权，此类数据一般用来分析用户的行为或偏好的关联性，为企业优化产品或用户体验提供支持。最后，数据在特定情况下可以为企业带来收益，数据中蕴含的信息在经过企业的加工或分析后，可能为企业决策等提供支持，这种影响预期将会给拥有或使用该数据的企业带来潜在的收益或便利，这就使得从收益的角度而言，数据可以被定义为资产。

《企业会计准则》中要求资产定义中的资源满足"与该资源有关的经济利益很可能流入企业"以及"该资源的成本或者价值能够可靠地计量"。如前文所述，企业自身拥有的数据以及基于授权后加工的数据为企业决策、用户分析等提供有效支持，该类支持将会对企业发展产生正向影响，因而在特定情况下可以认为数据能够为企业带来预期收益。从目前实际数据或数据产品的制造、定价、流通等环节来看，数据的成本或者价值可以被有效计量。值得关注的是，2021年7月6日，深圳市人民代表大会常务委员会审议通过了《深圳经济特区数据条例》，其中明确"本条例所称（公共数据属于）新型国有资产是指公共数据具有国有资产的绝大部分属性，同时具有信息化条件下与一般国有资产运行管理不同的专有属性，是一种特殊类型的国有资产"。而在该条例的起草说明中，对于公共数据能够归属于国有资产，提出了以下几个原因，一是公共数据归属于国有资产符合现行法规精神；二是公共数据归属于国有资产有利于充分发挥公共数据价值；三是公共数据较传统的国有资产具有新的特性。

综上所述，数据的展现形式和其本身都符合被认定为资产的资源，符合一般会计学对资产定义的基本逻辑，我们为此将符合上述特征的数据统称为"数据资产"。

1.2.4 数据资产的特征

如上所述，数据资产是指由个人或企业本身或其过去的行为、事项所形成的，预计会对个人或企业未来的行为、决策等产生影响，并且预期可为个人或企业带来经济收益（创造价值），包括但不限于现金、现金等价物或经济利益潜力的各类数据资源。

数据资产最核心的内涵是数据本身所具备的信息属性，该属性也是数据资产可以产生收益的主要来源[①]。以企业为例，企业在过去交易、企业内部事务处理中所形成的数据可以被用来总结企业过去的经营情况，例如上市公司年报，汇聚了企业过去一年的经营情况数据，对形成市场预期具有较高的价值。数据资产的外延即其展现形式是多种多样的，可以包括数据本身，如在数据交易中心内依照指定技术制式加工、脱敏后展现的数据集合，也包括通过一定载体呈现的数据产品，如数字专辑等。

陈永伟[②]（2018）、费方域和闵自信[③]（2018）、戚聿东和李颖[④]（2018）

---

① Milan Miric, Kevin J.Boudreau & Lars BoJeppesen. Protecting their digital assets：The use of formal & informal appropriability strategies by App developers [J]. Research Policy，Vol 48，2019（10）：1037–1038.

② 陈永伟. 数据产权应划归平台企业还是消费者？[J]. 财经问题研究，2018（2）：7–9.

③ 费方域，闵自信. 数字经济时代数据性质，产权和竞争：大数据经济学视域下的竞争政策 [J]. 财经问题研究，2018（2）：3–7.

④ 戚聿东，李颖. 新经济与规制改革 [J]. 中国工业经济，2018（3）：5–23.

指出，与传统数据信息不同，数字经济背景下的数据资产具有一系列新的特征，包括非稀缺性、非排他性、载体多栖性、价值差异性、用途不可测性等。《深圳经济特区数据条例》明确"数据相较于实物，具有可复制、非损耗、非排他性等新特性。学术界对数据权利有物权、债权、知识产权、权利凭证、新型权利等多种学说，并没有统一认识。在新颁布的民法典中，对数据的保护既不适用物权，也不适用知识产权，而是单独作出规定"。

数据资产的非稀缺性指数据不同于土地、资本、劳动等传统生产要素，也不同于数字经济之前的数据信息，而是具有资源充裕性、可无限复制性的特点，稀缺性约束相对不再刚性[①]。数据资产的非排他性指数据资产在使用上和专利技术等智力成果一样，可以同时由多个数据加工方使用该数据资产，即在物理上可以被共享和多次使用。数据资产的多栖性指在数据产生过程中，数据资产的存储广泛分布在不同的主体上。目前，用户使用的数字产品包括各种网站、App提供的服务，但这些产品往往分布在不同的终端设备，即一个人的数据资产往往不仅存储在一个主体中，而是广泛栖息于网站、App和终端设备等多个载体，具有"多栖性"。

数据资产的差异性来源于两方面。一方面是数据完整性不同，数据资产在不同主体手中所体现的价值并不相同。例如，当分别给予某个人和某购物平台100份包含购物习惯、地址等信息的客户资料，这100份资料在这两者手中所蕴含的价值就会不同。对于个人，这100份价值并

---

① Kyriazis N A. The nexus of sophisticated digital assets with economic policy uncertainty：A survey of empirical findings and an empirical investigation [J]. Sustainability, 2021, 13 (10): 5383.

不一定产生任何回报，而对于购物平台，则可以根据客户的购物习惯为其提供相应产品从而获得收益。另一方面是数据使用、加工方式的不同，即便是相同的数据信息，不同的使用主体由于需求不同，在收集、加工和开发上也会存在差异。根据不同的开发方式，这些原始的数据信息所产生的分析结果和服务价值也会不同。

数据资产用途的难以预测性。数据资产使用方在收集和加工原始数据要素时，不一定会明确未来数据产品的具体用途。此外，现阶段的数据产品在未来的某个时间段所可能发挥的作用会远超开发时期的预设作用，其使用范围可能会扩大至原有数据需求方指定的范畴外，体现出较强的外部性。

1.2.5 数据资产对金融机构的价值

金融由于在本质上与信息科技行业高度关联，在支持实体经济的过程中积累了海量的行业数据。对于这些数据的妥善应用无疑可以产生较高的经济和社会价值，其在金融行业首先表现为运营管理效率效能的提升，更进一步体现为行业风控能力和定价能力的完善[1]。

在运营层面，数据资产的融合应用和价值挖掘可以显著降低交易成本，提升金融业的边际生产力。随着大数据处理技术的升级以及智能终端的普及，金融机构大幅降低了获取信息的时间成本以及处理信息的人工成本，从而进一步提升了其处理大数据流的能力（罗瀚靖，2017）[2]。以商业银行为例，商业银行数据的搜寻主要体现在三个方面，第一是收

---

① 付岱山. 流动性过剩背景下的中国虚拟经济研究［J］. 沈阳工业大学学报（社会科学版），2011（4）：5-13.

② 罗瀚靖. 大数据时代下金融业的状态与发展趋势研究［J］. 金融经济，2017（22）：51-53.

集与分析个人或企业的征信数据、税务数据、财报数据、司法信息等，可以为银行的授信及贷后管理提供帮助。第二是对企业经营数据以及用户行为数据的更深层次的挖掘，可以使银行对企业的经营情况进行横纵向比较分析，为判断特定行业的趋势提供支持。第三是对用户行为数据的分析，可以为信贷政策制定、授信管理及产品设计提供支持。从客户角度而言，不论是个人客户还是企业客户，在日常生活或生产经营中会产生大量的数据资源，由于目前缺乏统一制式或者载体，导致个人及企业的信息无法得到有效的归集整理，信息的错配实际加重了数据资产产生方及数据资产接收方（银行）的成本。通过大数据处理技术，金融机构可以深度挖掘和分析内部运行和管理时存在的问题以及缺陷，针对问题制定有效的改善措施，最终降低金融机构的管理运营成本。

在风险识别和控制层面，金融业创收的前提是有效经营风险，而数据是金融风险管理过程中不可或缺的信息源，是风险甄别的基础。以大数据为基础建立的大数据风控模型可以解决现有的风险管理问题，其原理是相关性分析及大数法则。通过算法将数千甚至上万的变量连接起来，挖掘其间的非因果性相关联系。在风控模型中，如果样本量足够多，则风险发生的概率近乎等同于预期概率。因而在大数据背景下，通过相应算法，就可以无限逼近目标变量的概率分布。过去，金融机构获取企业信息只能通过企业提供的财务报表等材料的方式，验证其真实性需要花费大量人力成本。借助大数据分析，金融机构只需要企业的账务流水以及相关业务往来数据，就可以对其进行动态的监控分析，在大幅提升客户信息透明度的同时降低了人力成本。以保险行业为例，通过智能监控装置、社交媒体和医疗系统分别收集驾驶者的行车数据、驾驶行为数据以及健康数据，通过对这些数据进行分析，如果一个人的开车频率较低并且发生事故的概率也较低，那么他就可以相对节省30%~40%的保费，保险机构也将因此大幅提高竞争力[①]。

1.3 │ 数据资产的价值实现

1.3.1 一类要素：数据作为生产要素

当前，我们已经进入了数字经济时代，技术的发展和进步不仅提供了可以承载并释放数据价值的技术手段和平台，还促进了经济结构的变革，实现了农业经济、工业经济到数字经济的转变。在数字经济时代，即时沟通、信息获取和传输等新型方式空前繁荣，记录、存储、传输、挖掘数据技术越来越强大，数据量以及数据的处理能力呈现指数型发展，数据成为新的关键生产要素。

根据中国信通院的定义，数据要素是参与到社会生产经营活动、为使用者或所有者带来经济效益、以电子方式记录的数据资源。数据要素价值的实现过程分为三个阶段：在数据资源化阶段，数据经整合分析使混乱的资源成为有价值的数据资源；数据资产化阶段通过数据确权、数据定价、数据交易等环节，使数据要素具有交易价值；在数据资本化阶段，数据在进入资本市场后实行全社会配置。结合我国数字经济发展状况来看，我国数据要素的价值实现正处于初级阶段，其中包括的数据采集、数据标注等环节目前已初步形成了产业体系，但数据确权、数据

---

① 刘绪光，王田一. 大数据在保险业的应用及其对保险监管的影响［J］. 保险理论与实践，2016（11）：94-102.

定价环节尚处于萌芽期。作为数据产生价值的基础，数据要素与传统生产要素相结合，通过一系列数字技术，推动数字经济发展不断叠加、倍增①。这就需要重视数据要素的价值，建立起与数字经济特点相适应的数据要素获得机制。参考各生产要素的贡献率来衡量数据要素价值，加以量化，并体现在金融会计、资本制度等方面。

1.3.2 两张表格：资金资产负债表与数据资产负债表

大数据时代来临，数据资产作为金融机构的重要资产，如何处理从而最大化发挥其作用将是金融机构潜在的核心竞争力②。由于传统的数据资产表并未对数据资产进行记录，也就无法对金融机构的数字化转型提供明确的方向。因此，数据资产负债表应运而生。要实现数据要素的价值，就必须要对数据要素的采集流转、处理计算、质量监测以及提供数据服务的资源成本和人力成本进行记录，通过建立数据的资产负债表，可以实时、客观、真实地反映数据资产价值，为提高数据资产使用效率提供决策依据。一方面，其标准化的方法可以使金融机构能够更加高效地评估数据资产；另一方面，其动态性、全面性等特点将及时满足管理层所需要的信息，进而帮助管理层更好地进行金融机构经营管理。数据资产负债表是对内的报表，为金融机构的管理者提供更加全面及时的信息，以便制定适合其发展的经营管理战略，其最终目的是使金融机构内部管理更加科学。同时，数据资产负债表也是个别报表，数据资产是以用户数据为核心的，数据类型较多，同一金融机构内的不同条线、不同

---

① Nguyen, Paczos. Measuring the economic value of data and cross-border data flows: A business perspective [J]. OECD Digital Economy Papers, 2020.

② 韦颜秋，黄旭，张炜. 大数据时代商业银行数字化转型［J］. 银行家，2017（2）：128–131.

业务部门的数据不同，差异较大，虽然基本框架相同，但不能采用统一格式。

数据资产负债表在金融机构数据资产价值实现过程以及数字化转型过程中的主要功能包括提供了一套标准化的评估体系、展现各个层级的评估成果以及增加了可比较的评估标准。首先，数据资产负债表在报表标准化体系架构的基础上，结合金融机构业数字化转型的特征和重点，形成一套适用于行业的标准化评估体系，使金融机构之间基于数字化发展水平进行大范围的对标分析成为可能。其次，数据资产负债表可以清晰地展现各个层级的评估结果，帮助管理层精准定位增长点和薄弱点，定位数字化转型投入方向，帮助运营层剖析发展方向和提升空间，明确数字化转型的重点内容。最后，数据资产负债表通过对数据模型的处理，报表的指标均形成统一标准的展现评估结果体系，不仅消除了不同指标数据量级差异的影响，还可以从一定程度上体现评级结果的公正性、时效性，使得整体评估结果具有可比性，金融机构可以通过多次的报表结果评估数字化转型的成效，为后续的发展方向和资源投入力度提供指导[①]。

1.3.3　三个体系：数据资产账户体系、估值体系与治理体系

金融机构数据资产价值的实现离不开数据资产账户体系、估值体系与治理体系的建立与完善，具体如图1所示。

---

① 朱磊. 第四张报表推动银行数字化转型［N］. 银行家，2018（2）：115–117.

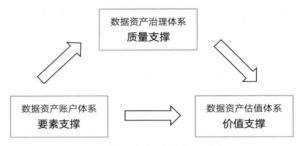

图1 数据资产价值实现路径

　　首先是数据资产账户体系。数据资产账户是实现数据要素高效配置和流转的重要管理工具。数据从资源转化为资产后需要相应的管理工具对其进行登记、盘点和归整，同时也需要相应的技术手段保障相关主体的数据资产安全。基于银行、保险机构推动个人、企业和政府的数据资产账户建立，可以为客户提供数据保护、数据管理服务，探索形成"数字红利"，强化数据供给激励并有效降低数据泄露隐患。当前，我国金融机构的数据资产账户建设尚处于起步阶段。数据资产账户体系的建立除了可以帮助其完成中后台数据的积累和整合，还可以为其实现数据资产的估值和治理提供要素支撑。

　　其次是数据资产治理体系。在对数据资产进行开发利用的同时，也不可避免地存在数据管理、隐私保护、价值实现、监督等一系列问题。因此，金融机构建立并完善数据资产治理体系，对于优化决策、缩减成本、降低风险、提升数据资产价值，从而增强核心竞争力，推动银行保险业向高质量发展转变，已是应有之义[1]。具体而言，高质量的数据有助于减少关键业务流程中的重复性工作、人员密集型活动、易于出错的工作流程等，最终实现降本增效，从而为金融机构发挥并输出数据资产价

---

[1] 信怀义. 商业银行大数据的应用现状与发展研究［J］. 中国金融电脑，2016（8）：26–28.

值提供质量支撑。

最后是数据资产估值体系。数据资产评估是认定数据要素价值的基础，在数据资产市场循环体系的组成部分中，流通是核心环节，大范围、可持续、高效率的数据资产流通依赖数据资产市场交易机制的建立，而这一市场化交易机制的建立又需要公平高效的数据资产估值体系作为底层支撑。数据资产估值是基于数据资产生产者或者初级所有者的角度，根据数据资产本身的价值特点进行科学的定价评估，为数据资产的价值释放提供必要支撑。[①]

需要注意的是，随着大数据的持续升温，数据要素近年来已经成为政府和企业特别关注的领域，无论是学术界还是实务界当前都在进行着积极的论证和实践。虽然目前有大量的专著和文献就数据资产的治理、估值、管理等进行分析和讨论，但是由于涉及的主体不同，对数据资产的价值评估的判断就不同，因此并没有形成统一的标准。因此，本书对金融机构数据资产在账户、估值和治理三方面的探讨是基于作者在该领域多年实践的一些思考和经验总结，以期为后续的研究和实践提供参考。

---

① 陆岷峰，欧阳文杰. 数据要素市场化与数据资产估值与定价的体制机制研究［J］. 新疆社会科学，2021（1）：43–53，168.

账户篇

02

金融数据资产

账户、估值与治理

数据资产账户：数字化的身份识别与权责确认

　　对于金融机构而言，如何优化数据分布格局，提升数据使用效率，释放数据内在价值，是当下面临的重要问题。而依托商业银行或保险机构推动个人、企业、行业和政府机构的数据资产账户建设，盘活已有数据存量、提升数据供给增量，可以引导有效数据需求，形成基于数据资产合理定价的健康市场机制。当前，我国金融机构的数据资产账户建设尚处于起步阶段。数据资产账户数是个人或企业用于储存自身数据，并通过授权其他机构使用来获取收益或服务的数据资产管理平台。通过建立数据资产账户，一方面可以整合金融机构自身中后台积累的业务数据，另一方面可以帮助其与外部建立合作和交互，丰富数据资产的应用场景。为了实现上述功能，可探索从组织架构、运行流程和保障体系三个层面实施数据资产账户建设。

　　目前我国数据资产仍处于发展的初期阶段，无论是实体企业还是金融机构，在推动数字化转型、挖掘数据价值方面还普遍存在路线图不清晰、方法论不落地、工具箱不给力等困难，在数据应用方面尚存在高标准合规的压力。其深层次原因在于数据资产权属不清、数据资产账户标准不明、数据要素流转市场无序等症结桎梏。数据资产账户作为统筹管理数据资产要素的工具，其具体内涵是什么？主要功能是什么？未来欲支撑数据资产的高效使用和流转，应具备哪些前置条件？本篇探讨数据资产账户的内涵及其实现方式，重点对金融机构在经营管理中有关数据资产账户构建的实践经验进行梳理与分析。

2.1 ｜ 数据资产账户是什么

2.1.1 数据资产账户的界定

网络信息时代，个人、企业和政府的各类生产生活活动每日都在生成海量数据。一方面，个人的消费行为、交易记录、习惯偏好、社交人脉等多维数据被记录；企业的采购行为、投资融资、招聘与人员培训、物流、商务网络等多方面数据被积累；政府的规划项目、转移支付、税收、政策统筹和评估等多角度数据被存储。另一方面，过往一段时期内，各类数据或本地存储，或由第三方数据平台在无明确数据征用、托管合约或信用关系的前提下可能额外备份。数据存储碎片化、分散化和垄断化特征并存，数据集中管理和再处理的成本较高，导致优质数据供给不足，数据中有效信息提取率较低。此外，数据在无约束下的多次备份和额外存储，可能会增加泄露风险，对个人隐私安全、企业商业机密和国家信息安全形成挑战[1]。

对于金融机构（尤其是商业银行、保险机构），如何优化数据分布格局，提升数据使用效率，挖掘数据内在价值，是当下的重要问题。一个有效可行的解决方案是基于商业银行推动个人、企业、行业和政府建立数据资产账户，盘活已有数据存量，激发数据供给增量，释放数据要

---

[1] Lugovsk Y D, Kuter M. Accounting policies, accounting estimates and its role in the preparation of fair financial statements in digital economy [C] //International Conference on Integrated Science. Springer, Cham, 2019: 165–176.

素应有的价值。其中，数据资产账户是指个人、企业、行业或政府用于存储、记录、管理自身数据并用以获取数字化服务和收益的管理工具[①]。数据资产账户具有以下重要特征和价值：

第一，法律上明确了权责。个人、企业等的数据使用权得以在建立数据资产账户后实现与其所有权的适当分离和有效隔离，形成账户所有者和账户设立运维机构之间有关数据使用权的委托与被委托关系。具体而言，在个人、企业、行业和政府部门确定具有数据所有权的前提下，可以通过建立数据资产账户获得其授权数据的各类记账、分析和管理工具，享受账户管理机构对其提供的全方位数据资产管理服务[②]。

第二，商务上建立了激励机制。各个层次的数据资产账户设立后将产生规模经济效应，数据资产账户所有者可以通过统计分析提取"大数据"信息，数据的市场价值得以充分体现，数据要素的红利可以进一步释放。账户设立和管理机构可以通过为客户提供数据保护和数据管理服务等方式鼓励数据资产账户的建立，强化数据供给激励并有效降低数据泄露隐患。具备安全、脱敏、信息价值的足量数据得以吸引数据需求方，需求方通过设计并落地数据应用场景，为数据资产账户设立机构以及账户所有者支付数据提取和使用费用，数据的市场价值得以实现。

第三，技术上提升了数据资产利用价值。数据资产账户设立机构在获得数据使用权授权之后，结合自身技术优势，可以实现对于数据价值的挖掘和再利用。同时，由于个人和企业的数据积累通常发生在第三方数据平台上，金融机构数据资产账户的设立在获得授权的条件下，得以

[①] 刘绪光，郑旭，方晓月. 数据资产、数据资产账户与数据交易流转机制［J］. 银行家，2020（11）：111-114.

[②] Varian. Economic aspects of personal privacy [J]. Internet Policy & Economics, 1996.

打通多平台间的数据壁垒，使跨平台数据实现互通融合，进一步增强金融机构数据可利用价值。

2.1.2 数据资产账户的作用

不同于数据供求方直接匹配的原始交易模式，通过引入数据资产账户，新兴的数据市场交易机制具有以下意义：

第一，拓宽了金融机构数据资产采集与使用的场景。目前绝大部分数据都被互联网平台公司沉淀，许多中小金融机构由于规模限制，很难形成自身的数据资源库，客户都被第三方平台（如购物、生活、社交等）、金融科技公司分流。金融机构通过建立数据资产账户，一方面可以整合自身中后台的数据；另一方面可以帮助这些金融机构与外部建立合作和交互，丰富数据资产的应用场景。

第二，可以进一步体现数据资产的价值。基于数据中介业务行为产生的数字红利有助于激励数据供给方主动提供多维原始数据，进而吸引并培育市场化定价的数据使用需求，充分体现数据资产的市场价值。例如，当数据资产账户设立机构对数据进行加工时，数据使用权以签订合同的形式从数据提供方转给银行。数据所有者获得回报率，由金融机构根据加工再利用相关数据获得的回报率减点方式确认最优利率。利率本身可以反映金融机构利用数据加工使用的生产效率，反映数据作为资产的回报率即资产价值。

第三，解决"数据不知如何用"和"数据不知谁来用"的信息不对称问题，推动数据高效流转，辅助数据价值合规释放。数据资产账户客户仅需通过考察获得多少回报选择是否授权数据使用权转移，而不需要自身熟悉原始数据的实用性和有效性问题，进一步降低数据供给的边际成本。另外，商业银行目前也具备技术和信息优势，可以对跨数据源、跨账户的数据进行集中分析处理、提取有效信息，并通过与数据需求方进行产品推介和需求匹配，引导数据需求方发掘数据信息有效性并为数据价值埋单，最大化数据资产的使用价值。

2.2 | 数据资产账户划分及功能

2.2.1 数据资产账户的划分

数字经济活动中每个个体均会产生大量的用户特征和行为数据，根据不同的数据来源以及数据资产的整合，数据资产账户可以划分为不同的层次，即个人数据资产账户、企业数据资产账户、行业数据资产账户和公共数据资产账户。其中，较为核心和基础的是个人数据资产账户。无论是企业尤其是互联网平台类企业、行业还是政府的数据资产账户，其绝大部分数据都是来自个人如消费行为、交易记录、习惯偏好、社交人脉、思想观点等数据的沉淀。在此基础上，企业数据资产账户又包含了企业的采购行为、投资融资等数据；行业数据资产账户包含了行业发展趋势、产业关联度等数据；公共数据资产账户包括转移支付、财政税收等相关数据。具体如图2所示。

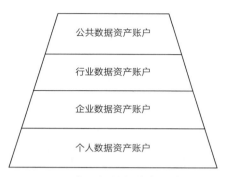

公共数据资产账户

行业数据资产账户

企业数据资产账户

个人数据资产账户

图2　各层级数据资产账户

（1）个人数据资产账户

个人数据资产账户是最基础的数据资产账户，记录着每个人的数据信息，该账户的所有权原则上归产生具体数据的个人所有，当个人丧失民事权利能力和民事行为能力后，其所有权的归属，需结合个人数据资产账户中不同信息的性质判定。因民法典规定人格权不得放弃、转让或者继承，而个人信息兼有人格权与财产权的属性，故未来需结合账户应用实际，将账户中信息区分为基本个人信息、被记录的伴生个人信息、预测个人信息等类别或近似类别，具体分析所有权归属。

所有数据资产账户都是基于个人数据资产账户的数据进行整合。个人每天的社交记录、购物记录、出行记录等，会通过不同的记录平台存储到不同的应用平台中。如社交数据被存储在社交平台（如微信、Facebook）中，购物数据被存储在购物平台（如淘宝、Amazon），出行记录被存储在手机定位、导航软件中。众多的平台，加之个人行为的多元性，导致个人数据的特点极具分散化和碎片化。这也就使得在目前数据资产所有权不明确的前提下，个人数据容易被大量滥用，个人隐私泄露现象屡见不鲜。个人数据资产账户就是对分散化、碎片化的个人数据进行整合，进而形成个人唯一的数据资产账户ID，确保个人数据的产权完整。以此为基础，通过授权的方式，将个人基础数据、机构基于个人数据加工生成的衍生数据的使用权授予数据使用方，以便个人获得数据使用方提供的产品、服务，促进数据资产的集约高效利用[1]。

个人数据资产账户对个人数据的收集和记录需要确保三个条件，即连续性、统一性和安全性。连续性是指数据资产账户在记录过程中的不间断性，确保数据的完整。统一性即记录格式标准的统一。由于不同信息的单位不一致，对个人数据进行整合前需要将所有数据统一为同一个标准后方可进行使用。安全性是在互联网新技术下，对个人数据的加密、脱敏等保护措施，确保个人数据不泄露。

（2）企业数据资产账户

在企业层面，每一家企业的数据资产账户涵盖企业的所有信息，该账户的所有权归由产生具体数据的企业所有，企业关闭、破产、消亡后，其账户中除涉及个人信息部分的所有权归国家所有（个人信息部分需结合信息类别再判定），其原有企业股东享有使用权、无继承权。同时，如果企业分设，可以根据需要建立分设后的企业数据资产账户。其中的数据资产可以根据业务需求，在合法合规前提下从原企业数据资产账户中进行转移。企业数据资产账户除了整合个人的数据，同时也具有属于企业层面本身的数据，如企业的资金拆借、上下游关系等。这些数据就是属于企业层面的数据，需要建立相应的企业数据资产账户进行记录和存储。因此，企业数据资产账户实际上包含了两个层面的数据。第一个层面是个人数据，这在平台类企业尤为突出，如淘宝、京东等购物平台，其上积累了大量的个人消费、住址、联系方式等数据。第二个层

---

[1] Acquisti, Friedman, Telang. Is the cost to privacy breaches? An event study [J]. 27th International Conference on Information Systems 2006 Proceedings，2006: 94.

面是企业数据，平台类企业除了沉淀的个人数据，与其他非平台类企业一样，还有许多企业自身的数据，如企业规模、银行信贷、供应链上下游机构等。与个人数据一样，企业数据同样是基础数据，是数据资产账户发挥数据资产作用的基础，这些也是数字经济发展不可或缺的重要数据资源。

与个人数据资产账户的收集和记录一样，企业数据资产账户同样需要满足连续性、统一性和安全性三个条件。不同于个人数据资产账户，企业数据资产账户对于数据的使用会因为数据结构的不同而有所差异。个人数据资产账户的所有数据都是个人层面的，个人数据资产账户数据的使用只要经过个人授权就可以。但企业数据资产账户的数据结构包括个人和企业两个层面的数据，这就使得企业数据资产账户数据的使用既存在被授权，又存在授权的情况，需要通过建立相关的标准和规则来界定加工后的数据资产归属。因此，企业数据资产账户的建立除了要统筹企业层面的数据汇总，还需要先在个人层面进行数据确权、加密、脱敏等一系列操作，确保个人数据合法合规使用。

（3）行业数据资产账户

行业数据资产账户是在行业层面建立每个行业如金融业、制造业等（可参照《国民经济行业分类》）的数据资产账户，作为同行业间以及跨行业间企业合作的统筹账户，行业数据资产账户的所有权归国家享有，暂由行业监管部门代行所有权且不得获取利益。生产的分工化和数字化除了提升生产的效率，也极大地提高了生产企业的耦合程度。建立行业数据资产账户，就可以帮助企业间快速进行匹配，避免单一生产链所导致的"一损俱损"的情况，由此还可以推及不同行业的企业间合作。当不同行业的企业需要合作生产时，由于制式标准的差异，企业的生产对应往往会产生巨大的信息搜寻成本。行业数据资产账户在统筹企业数据资产账户的基础上可以快速对接不同行业间企业的合作，主动提供供求匹配、撮合服务，从而降低信息搜寻成本，提升生产效率。同时，行业数据资产账户还可以衔接跨国企业间的生产标准和规格，进一步推动经济发展的全球化和一体化。

除了统筹企业间的协作发展，行业数据资产账户构建的另一个主要应用是从数字用户的角度完成我国未来数字经济发展的产业布局。数字经济的发展使得所有分析都是以个人数据资产账户为单位，每个个人数据资产账户和企业数据资产账户都是单独的分析单元，数据资产账户的分析结果直接表明了数字用户的行为特征和使用习惯。行业数据资产账户就是以这些数字用户的行为特征和使用习惯为起点，构建符合用户偏好的产业布局。以医疗健康产业为例，个人的健康数据是个人数据资产账户的主要流量入口和数据来源，属于用户端，收集这些数据来源的企业就会形成健康产业的企业端。没有行业数据资产账户，各家企业往往会利用自身的技术优势，只做用户端或者企业端，就会导致医疗健康领域的产业布局多且分散。比如腾讯偏向关注技术型企业，在企业端布局较多；阿里健康平台大多流量集中在线上，不断整合集团内部流量和资源，在用户端布局较多。通过行业数据资产账户，可以有效整合用户端和企业端的资源，打通线上数据整合和线下技术开发的通道，从而构建完整的医疗健康产业链，形成较为完善的医疗产业布局。未来我国的产业布局，将越来越倚重对个人、企业的数据资产账户分析。因此，在行业层面建立数据资产账户是推动其完成产业布局的重中之重。

（4）公共数据资产账户

公共数据资产账户是构建我国数字型政府的重要组成部分。数字型政府要求政府必须以用户为中心提供共享型、包容型的公共服务，从而推进政府社会治理模式数字化创新，促进政府供给公共服务高效化和社会治理精准化，而这就有赖于公共数据资产账户的建立以及对数据资产的使用。从数据的分布以及质量来看，公共数据都是目前所涉范围最广、包含内容最多的数据资源，其价值远超其他行业数据在垂直领域的价值。目前，80%可以利用且有价值的数据都掌握在政府手中（王叁寿，2018），一旦这部分数据得到有效利用，将会产生巨大价值[①]。公共数据资产账户所包含的数据资产主要包括三大类，第一类是政府自身的运行数据资产。这是政府在办公过程中形成的数据，例如地方政府层级构成、公务人员数量、行政经费使用等。第二类是政府所含有的来自个人以及企业的数据资产。例如信用、医疗卫生、交通出行、社会保障、企业登记监管等民生保障服务相关领域的数据资产，这都是可开发、可利用、有价值的数据资产。第三类是公共层面的数据，例如气象、道路等数据，这些数据资产是支撑我国发展民生工程的重要基础支撑。通过建立公共数据资产账户，政府部门在提升行政审批和公共服务供给效率过程中，都可以形成自上而下的决策模式，使之更加科学化和合理化。

公共数据资产账户的建立，一方面会提升监管的有效性和针对性，另一方面可以帮助监管部门建立行业规范标准，简化流程。进一步，公共数据资产账户还可以优化我国现行的国民经济核算体系，推动我国数

[①] 政府数据资产可望释放出亿万产值　赶超土地价值 [EB/OL]. https://xw.qq.com/cmsid/20180705A0KSJ2/20180705A0KSJ200. 2018–07–05.

字经济核算体系的建立和完善。数字经济发展给目前我国的国民经济核算体系带来了一些挑战。首先，数字产业使得更多的数字平台用户部门的生产规模化和市场化，根据现行的核算体系，数字经济中的用户部门的这类生产活动以及相关支出尚未单独核算。其次，经济活动的数字化发展降低了许多产业的交易成本，微信、支付宝等成为许多企业交易的重要方式。这些交易方式与非数字交易模式有着不同的投入产出结构，需要进行区分，但目前的核算体系尚未将两者进行区分。最后，数字经济活动中各个行业均产生了大量的用户特征数据，这些数据会在企业生产中被反复利用从而形成资产，不同于传统专门数据库的购置，这类非市场化数据多为各行业单位自行收集和存储，现行核算体系尚未对其予以单独核算。可见，目前的国民经济核算体系似乎难以完全衡量数字经济发展框架下的收入与支出，需要更新出新型的核算框架。这是公共数据资产账户的机遇，也是挑战。

2.2.2 数据资产账户的功能

根据数据资产账户的不同划分，每个层次的数据资产账户具有多重功能且各有侧重。个人和企业数据资产账户具有内部整合功能，行业数据资产账户具有外部合作功能，公共数据资产账户则更多偏向监管合规功能。

（1）内部整合功能

一个企业或者个人每天都会产生大量的数据，这些数据具有不同的种类和特征，如果不加以区分和整合，数据资产的价值较难形成规模效应。个人数据资产账户和企业数据资产账户可以很好地整合个人或企业产生的数据，以数据集或者数据包的形式汇聚交互。从整个流程看，数据资产账户发挥内部整合功能的主要途径包括数据的输入和输出两部分。

　　第一个部分是数据的输入。个人数据或者是企业数据的特点是碎片化和分散化，尤其是个人数据，衣食住行所产生的数据都来源于不同的领域，并且个人每天无时无刻不在产生大量的数据。但这些都只是数据，要成为资产，还需要满足两个条件。第一个是数据可以给会计主体带来利益，即在经济活动中，经济主体通过生产、收集和存储等方式拥有数据资源，并且通过出让、加工等方式让渡数据使用权或者提供数据服务从而获得利益。第二，数据的成本可以被可靠地计量。数据的本质是现实事务的信息化，因此其定价机制很复杂，只要数据成本可以被计量，数据就可以进入资产负债表，成为资产。要满足以上两个条件，数据先要被整合并且集中处理，而这可以通过数据资产账户实现。账户是根据会计科目设置的，具有一定的格式和结构，用于反映会计要素的增减变动情况及其结果的载体。因此，不同领域的数据在进入数据资产账户时，一定是具有一个统一的格式和结构的。碎片化和分散化的数据也因为进入数据资产账户而被整合。通过数据资产账户，数据资产就可以被有效地利用。

　　第二个部分是数据的输出。当个人数据和企业数据在数据资产账户内部被整理、划分和归类后，会根据不同的需要形成不同的数据集、数据包或者应用程序接口（API）。这是数据进行外部合作的基础，无论是数据集、数据包还是API接口，都代表着一个特定的数据集合，只要接入数据资产账户的接口或者数据包，就可以获得相应的数据服务，由此就形成了完整的数据内部整合。

　　（2）外部合作功能

　　除了企业内部的数据交流，同行业内企业之间、跨行业企业之间、全球范围内企业之间都存在着大量的数据交流，但行业之间的差异可能会使得数据使用的标准并不统一，因此就需要有一个专门的数据资产账户对数据制式进行统一，方便企业间的合作交流。行业数据资产账户的主要功能是降低企业的信息搜寻成本，促进企业间的合作。

按照亚当·斯密的劳动分工理论，分工对提高劳动生产率和增进国民财富有巨大的作用。例如一件工业产品的制造往往需要由许多企业生产不同的零部件并进行拼装组合，又如国民经济领域的经济政策实施需要多个部门的协调配合。但要实现企业之间的合作或者部门之间的配合，必定会产生信息搜寻成本。对于许多中小企业而言，信息搜寻成本往往具有数量和时间的限制。数量上，在信息匮乏、流通不畅的时代，信息搜寻成本主要是获得目标信息的成本，包括交通、通信等，而在信息流通发达的时代，搜寻信息的成本主要是排除信息噪声的成本。无论是获得信息的成本还是排除信息噪声的成本，对于某些中小企业，这些成本都会占到其生产成本的很大一部分。时间上，由于某些生产的时效性，一旦错过某个生产周期，企业就无法获得生产收益，而行业数据资产账户的功能就是帮助企业之间在时间和数量上都最大限度地减少这种信息搜寻成本。

行业数据资产账户通过整合行业内所有企业的数据信息，比如企业的产品规格、生产规模、生产周期等，就可以在时间和数量上降低企业的信息搜寻成本。当需要生产某件产品时，就可以最快地提供生产方案，同时还可以提供备选的生产方案，按照顺序进行排序。对于生产链条上的任何一家企业，行业数据资产账户都可以整合最优的上下游资源完成匹配，实现企业的外部合作。

（3）监管合规功能

由于行业会涉及行业监管，但监管机构需要的数据不需要具体到每家企业的每一笔流水。因此公共数据资产账户的主要功能是整合行业中所有企业的关键数据，如经营风险指标数据、资金合规数据等，进而生成相应的监管指标和标准，有利于对行业进行监管。监管数据资产账户的监管报送功能主要分为监管功能和标准制定功能。

监管功能是公共数据资产账户的主要功能，其本质是监管的数字化。数字技术的进步和应用使得行业发展呈现新形态，但也催生了大量数据使用的合规性、数据孤岛等新问题。从监管的角度讲，通过数字技术手段，可以在解决行业发展问题的同时让行业发展更加合规。同时，由于集合了行业数据资产账户的数据信息，使得整个市场更加透明。各监管部门或者机构根据监管需求，只需要调用不同的数据包进行审查，就可以在短时间内掌握行业发展动态以及是否存在违规现象。以金融业为例，由于公信力问题，传统金融机构一般倾向于自建平台，虽然这样有利于保护自有平台用户的利益，但是会使得各个金融机构互不相通，形成数据壁垒。公共数据资产账户可以在分类监管时，打通不同数据间的壁垒，避免"数据孤岛"。

标准制定功能是公共数据资产账户基于监管标准所制定的行业行为规范的简化。数字化发展促进了各行业使用数据资产的进程，但由于数据使用标准不统一、不规范，许多行业尤其是金融行业都出现了数字治理乱象。公共数据资产账户通过制定技术标准和业务规范，可以构建行业层级的安全运行规范，有利于整个产业的良性发展。

2.3 │ 数据资产账户实现方式

数据资产账户的建立是为了更好地统筹数据资产的使用，从而形成规模效应，实现数据资产的最大价值。数据资产账户的实现需要从三个层面进行建设。第一个层面是建立数据资产账户实行的组织架构，包括搭建数据资产账户的执行机构、制度机构和监督机构。第二个层面是构建数据资产账户的运行流程。从流程的角度看，数据资产账户的实现是以建立用户数字身份证为基础，进而管理数据资产的一个过程。第三个层面是数据资产账户运行的保障体系，主要包括数据资产账户可以运行的制度体系和对数据资产账户使用的培训宣贯，具体如图3所示。

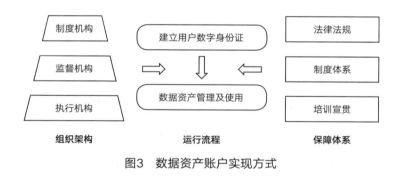

图3　数据资产账户实现方式

2.3.1 数据资产账户搭建的组织架构

数据资产账户的搭建具体可以从制度机构、监督机构和执行机构三个层面进行考虑，其中执行机构是数据资产账户搭建的具体实施者。

（1）制度机构

为了保障数据资产账户充分发挥数据资产的价值，需要建立专门的制度机构，从而构建一套包含数据资产采集、存储、使用、披露、共享、传输和删除等各个环节的制度体系，从制度上保障数据资产账户执行的有据、可行和可控。数据资产管理中心的主要职责是负责牵头制定数据资产管理的政策、标准、规则、流程。因此，在制度体系的构建上，需要数据资产管理委员会从顶层设计开始，向下全局部署数据资产账户管理规范，确保数据资产账户整体数据资产的管控流程制定和账户功能系统支撑实施，从而形成全面的标准规则体系和执行调度流程。

（2）监督机构

作为数据资产管理组织架构中的决策者，可由监管部门牵头，成立数据资产管理委员会，建立跨部门的监督模式，主要负责协调个人、企业、行业以及公共部门的数据资产管理工作，决策数据资产管理重大工作内容和方向。由于数据资产账户中不管是个人还是企业都涉及很多政府部门数据，并且这些数据属于高度敏感数据，因此由跨部门联合监管更有公信力和监管安全的保障。当数据资产账户在管理数据资产过程中出现问题时，也主要由数据资产管理委员会负责仲裁。因此，数据资产账户作为数据资产生产运营的载体和管理数据资产的中介，其监管的职能同样可以由数据资产管理委员会执行，对数据资产账户运行的各项规则和规范的约束落实情况进行监督。

（3）执行机构

数据资产账户的组织架构，可以由商业银行牵头搭建，即由这类机构作为数据资产账户的管理平台即执行机构。相较于其他类型的机构，商业银行是用户公认的信用中介和风险管理中介，既然可以存放货币资产、价值保单，同样也可以存放数据资产。近年来，银行业金融机构由过去以产品为中心向以用户为中心的经营模式转变，以互联网化、数字化思维为引领，更加重视开放的金融运营体系和经营方式，而这就需要通过大量的数字化技术手段方能实现。这主要体现在与客户进行深度交互的场景构建、以深度用户洞察带动海量数据分析、打造一系列数字化用户经营的智能化管理工具三个方面。可见，银行、保险机构从传统方法过渡到数字化经营的实践和成果已经为其构建数据资产账户提供了基础，具备较强的执行能力。

2.3.2　建立用户数字身份证

用户数字身份证是户数据资产账户的基础，是获取数据资产并使用数据资产的载体。建立用户数字身份证最关键的是确保其运行的可识别性，主要体现在三个方面：建立统一的数字ID、用户数据资产凭证以及用户在不同机构间的认证。

（1）给每个用户建立统一的数字ID

用户的数字ID包含了个人所有的数据信息，如身份数据、资产数据、通信数据、购物数据等。数据资产账户实现的第一步是要建立每个用户唯一的数字ID，数据资产从采集到使用，始终都要通过唯一的数字ID运行。以个人数据资产账户为基础，所有的数据信息都通过个人产生并进行存储。需要使用这些数据时，只要经过授权，就统一在个人数据资产账户进行调用，这个过程都是在同一个数字ID上运行。

（2）用户数据资产凭证

凭证是指能够用来证明经济业务事项发生、明确经济责任并据以登记账簿、具有法律效力的书面证明。因此，数据资产凭证的含义就是用于登记数据资产可能产生的经济业务并具有法律效力的证明，是一种锚定数据的可流转凭证。假设某平台A上积累了用户的一部分数据资产，此时会在数据资产账户中产生该数据资产的凭证，标明"用户在平台A上具有某类数据资产"。未来其他任何机构或者平台在用户授权下要获得该部分数据资产时，可以凭借该凭证向平台A索取。

数据资产凭证是用户数据资产账户里的另一类重要数据资产，作为用户在各类平台上所产生数据资产的唯一凭证，其代表了数据资产产权的证明。用户对自有的数据资产授权后就会产生数据资产凭证，凭证的流转就等同于底层场景双方的数据交换。数据使用方就可以调用数据资产账户中数字资产凭证背后的源数据，例如平台A存有用户个人信息，生成数据资产凭证，用户授权给平台B调用平台A中的个人信息，该授权存储在数据资产账户内，则当平台B向平台A发出调用要求时，平台A率先返回数据资产账户验证该授权，再开放端口给平台B。用户数据资产凭证使得用户的交易行为和用户信息、特征有了记录和依据，而特定的平台将个人交易的订单、发票、地址等均通过数字化形式进行了记录，从而确保每一条数据资产都有相应的凭证。

利用数据资产凭证，一方面，大幅度降低数据资产账户的大数据存储要求。由于用户每天都会产生大量的数据，因此要将所有数据存储在用户自有的数据资产账户时会需要极其巨大的数据存储空间，随着未来数字经济的发展，这种存储空间的搭建势必会成为数据资产账户需要考虑的成本。但通过数据资产凭证，将大部分数据分散到用户产生数据的各类平台即数据源，就会大大降低用户自身数据资产账户的存储要求，从而降低成本。另一方面，数据资产凭证作为数据产权确权的过渡，对平台数据的开放也具有重要意义。数据资产经过用户授权，各类平台就可以保留所有用户的数据，可以避免平台将所有数据交给数据资产账户，减少平台的顾虑。目前我国还没有明确的数据产权法，数据资产的使用全部依赖各平台的自律。因此，在相关数据产权法出台之前，通过数据资产凭证的形式，让各平台保留其用户的数据，保护个人数据资产安全的同时也可以确保平台利益不受损失。

（3）用户在不同机构间认证

数字身份证作为用户唯一的ID，是不同机构认证的唯一标识，数据资产账户在本质上是一种身份证明。在现实生活中，用户的唯一身份证明就是身份证。类比到数据资产的使用，数据资产账户就是未来用户唯一的数字身份证明。例如，当用户需要使用平台A和平台B的服务时，目前的做法是用户凭身份证在两个平台分别注册一个账号，因此当用户使用的平台种类较多时，账号管理将会变得烦琐。而数据资产账户的重要功能就是化繁为简，只需要一个数字身份证，就可以在各平台和机构中通用。不同场景调用的时候是直接调用数字身份证这一唯一认证标识，跳过身份认证的环节，不再需要用户重新进行填写。

2.3.3 数据资产账户运行的制度保障体系

（1）数据资产账户运行的法律法规体系

法律法规是数据资产账户运行的重要保障。数据资产账户可以运行，首先需要界定数据资产的产权，尤其是个人数据资产和第二产业企业的数据资产，大多数第三产业的数据都是以个人数据为基础从而进行整合和发展。只要界定清楚个人数据资产的产权，数据资产账户的运行就有了法律基础。数据资产的产权主要包括所有权、使用权和收益权，这里最关键的是所有权。

一是数据资产产权保护法。在个人、企业层面建立对应的数据资产产权保护法，明确数据资产的产权归属，尤其是在数据的收集、传输、使用、存储、共享、删除、销毁等各环节都要赋予相关法律解释，保护数据资产从产生到创造价值的每个流程都有法可依。以此为基础，形成数据资产账户用户的消费者权益保护法、数据资产账户服务管理规定、数据资产账户风险管理指引等引申法律，保护数据资产账户使用方的权益，明确数据资产账户管理方的职责。

二是各类数据资产账户管理办法。根据不同类型数据资产账户的特征，对于不同类型的数据资产账户出台不同的管理办法，与各类数据资产的管理标准细则保持一一对应。具体包括数据资产账户数据传输管理办法、数据资产安全管理细则、数据资产账户运维管理办法、数据资产账户应用绩效管理办法等。

三是数据资产账户运行技术规范。数据资产账户的运行离不开技术的支持，区块链、云计算等先进技术的运用可以保障数据资产账户运行的高效性和安全性。因此就需要出台一系列运行技术规范对数据资产账户的技术应用进行明确，包括数据资产模型审计规范、数据资产关键指标及计算说明等。

（2）数据资产账户运行的制度体系

为保障数据资产账户组织架构的正常运转，还需要从利益分配、监督以及应用拓展三个角度建立数据资产账户运行的制度体系。

一是利益分配机制。企业数据资产账户和个人数据资产账户分别管理着企业数据资产和个人数据资产，但如何厘清企业数据和个人数据的界限，需要进一步明确和界定。个人数据在企业平台沉淀后，经过去标识化和匿名化的数据集，其所有权归处理方所有，且是有限制的所有权

（如《个人金融信息保护技术规范》里规定的"个人金融信息经匿名化处理后所得的信息不属于个人金融信息"）。个人数据资产经过企业平台的清洗整合后，切断了与原数据所有者的联系，不再具有可识别性，而且个人数据经过清洗、分析、建模，最终形成可视化的数据集，融入了数据处理方的工作量，包含了数据处理者的贡献，因此这个数据资产的所有权就属于企业平台等相关数据处理方。

由于个人信息一般需要经过个人的授权才可以被机构匿名化，数据资产确权的过程就发生在这个步骤。所以在界定个人数据资产和企业数据资产后，需要建立一个以此为基础的个人和企业的利益分配机制，确定数据资产原始所有方与二次加工方之间的利益分配，明确相关方在数据资产回报过程中产生权利的各个阶段和与其相对应的利益回报机制，从而确保数据资产账户可以正常运行。具体可以分为以下两个方面。

a. 个人和企业数据资产使用费

对于产权清晰并且数据资产使用只涉及独立的个人或企业的数据资产，需要明确数据资产的使用费用，数据使用方可以就数据资产的使用与所有方签订授权合同，对支付的形式、数量等内容进行规定。

b. 原始数据与二次加工数据利益分配

当个人或企业用户的数据经过二次加工从而形成其他形式的数据资产时，如果再次支付数据加工方数据使用费，则会造成重复收费，增加数据使用方的成本。因此可以建立原始数据所有者与数据加工方之间的利益分配机制。数据使用方只需支付一次性费用，原始数据所有者和加工方根据数据加工方的加工程度、数据资产的形态变化再确定具体的分配比例。

二是监督机制。监督机制确保数据资产账户运行的每个环节都有相应的管理规范和运行规范，需要融合相应的数据资产账户管理办法和数据资产账户运行技术规范，具体可以分为事前预警、事中监督和事后反馈。

a. 事前预警

数据资产账户中数据资产的使用需要数据需求方提供书面形式的申请书或者凭借数字凭证进行调用，事前预警需要核准所有书面申请和数字凭证的规范，建立风险防控体系，避免数据使用方的违规使用。

b. 事中监督

根据各类数据资产账户管理办法和数据资产账户运行技术规范，在数据资产账户的运行过程中进行实时监控，包括数据资产调用的规范性、数据信息的完整性、数据资产使用的合理性等。

c. 事后反馈

数据资产每调用一次都要形成相应的使用报告，形成反馈，从而不断改进数据资产账户的使用方法和提升数据资产账户的运行效率。同时，设定固定的数据资产账户运行评估周期，邀请第三方机构、银保监会等监管机构对数据资产账户整体的运行情况进行评估。

三是应用拓展机制。数据资产账户除了对数据资产的获取、管理和使用外，未来还需要进一步建立相关的应用拓展机制，从而拓宽和加深数据资产账户在数字经济发展中的布局和应用。例如对数字货币的管理和使用。作为数据资产的衍生，数字货币代表数字经济下全新的交易结算体系。但由于目前监管的缺失，导致数字货币的流通存在较大安全隐患，而数据资产账户则可以作为数字货币交易和流通的载体，通过账户体系中的相关技术以及安全管理规范，数字货币流通的安全问题就可以解决，这也是未来数据资产账户进行应用拓展的重要方面。

此外，数据资产账户还可以在跨国贸易、全球金融市场结算体系一等方面有较大的应用愿景。这些都需要就建立相关的数据资产账户应用拓展机制，就应用拓展的技术规格、结算体系、使用规范等进行详细规定，以期为其拓展奠定基础。

（3）数据资产账户的培训宣贯

培训宣贯是个人、企业、行业以及公共数据资产账户具体实施的重要组成部分。通过安排个人层面和企业层面的技术人员与管理人员参与数据资产账户使用培训，确保数据资产账户的有效推广。

一是个人层面。个人层面数据资产账户的培训宣贯可以依靠政策推动，平台辅助的方式进行。商业银行作为数据资产账户的搭建平台，对个人层面主要起到引导和宣传的作用。将个人数据资产账户的推广落实到平时的对私业务办理中，在业务流程中普及数据资产账户的概念。同时，在数据资产账户普及的前期通过设定相关激励措施吸引用户，以此拓展数据资产账户用户群。

二是企业层面。企业开展数据资产账户的培训需要企业自身贯彻执行，可以依托绩效奖励、职务晋升等方式推动，还可以依托行业以协会的形式组织企业进行统一培训。主要内容包括：企业、行业数据资产账户课程培训；行业内优秀企业间先进实践经验的交流与沟通；行业、企业内数据资产账户主要负责人员、操作人员课程培训；企业员工入职培训中添加数据资产账户管理课程。

三是政府层面。首先，涉及公共数据资产账户的培训，需要政府机构成立专门的数据资产账户管理机构，并派遣特定人力资源进行培训，将数据资产账户培训结果纳入在职人员的绩效考核，激发在职人员不断改进工作，提高工作质量和工作效率。其次，需要政府在政策上对数据资产账户实施予以支持，尽快出台相关的法律法规，保障个人和企业数据资产的产权。最后，加大数据资产账户在政策、监督、管理等方面的宣传力度，让广大人民群众从思想上建立起产权意识和普及数据资产账户的应用，消除居民对数据资产账户的顾虑、树立正确的数据资产账户资产观。

2.4 ｜ 数据资产账户的应用实践与探索

2.4.1　国际应用实践与探索

（1）个人账户——韩国个人信息保护机制

20世纪80年代初，韩国将发展尖端科技作为立国战略，并把信息技术行业视为发展经济的主要增长领域。随着大数据时代的到来，韩国将IT行业视为国家的未来支柱产业，合理应用信息数据，发挥信息数据的价值。为全面发展大数据产业，韩国制定了一系列有关的法律法规与实施战略，从多角度规范信息数据的采集与应用行为，把握信息安全与应用的平衡，具体实践概述如下：

第一，法律体系完备。2020年1月，韩国国会通过《个人信息保护法》《信息通信网使用促进和信息保护法》（以下简称《信息通信网法》）《信用信息使用及保护法》（以下简称《信用信息法》）三部法律修订案，合称为"数据三法"，共同构成了韩国大数据产业的基本法律框架。"数据三法"相辅相成，界限分明。《个人信息保护法》着重关注个人信息保护的相关规定，鉴于个人信息包含个人信用信息，所以《个人信息保护法》经过修订后包含了《信用信息法》对于个人信用信息的收集和处理、主体权益保护以及监管措施等规定的整合内容[①]。

韩国个人信息保护法律制度体系在支持数据应用的基础上，也强调数据应用与个人隐私保护的平衡。一是加强对违法者的处罚力度。根据违法者的违规程度、违规的次数、非法所得总额的情况，法律规定轻则根据违法者的违法次数进行罚款，重则判处监禁[②]。二是设立个人信息保护委员会，《信用信息法》强化了个人信息保护委员会的职能，个人信息保护委员会升级为中央行政机关，负责处理涉及商业交易产生的个人信用信息的异议、信息泄露、检查和处罚等。三是加强企业数据流动监管。在个人信息使用方面，严格控制数据的流动，对外只有在法律许可的情况下才允许企业提供数据共享服务，对内数据也不能在同一企业不同部门内、同一集团不同机构间随意流动。

第二，数据权属明确。为划定数据使用权限，韩国个人信息保护法律制度体系明确定义了数据分类的标准。一是提出固有信息概念。根据韩国《个人信息保护法》及施行令，个人固有信息是指能够直接识别具体自然人的信息，如居民身份证号码、护照号、驾驶证号码等。个人信息不仅包括身份证号码、姓名、个人影像等能够直接识别具体自然人的信息，也包括虽然本身不能识别具体自然人但结合其他信息能够轻易识别具体自然人的个人信息。二是引入假名信息概念。假名信息是指在没有追加信息的情况下，无法识别出特定个人的信息，被认为是信息的

---

① 宋慧中，吴丰光. 韩国《信用信息使用及保护法》修订的背景、内容及对我国的启示 [J]. 征信，2020，38（11）：70–73.

② 牛建军，汤志贤. 韩国个人信息保护机制实践 [J]. 中国金融，2021（9）：90–92.

"灰色地带"。

第三，特色实践Mydata模式。Mydata，是指个人积极地管理和控制自己的信息，同时根据自己的意愿将相关信息应用到信用管理和资产管理的一系列流程。Mydata基于"我的数据我做主"的理念，将以往以机构为中心的发展模式转变为以信息主体为中心的管理模式。Mydata本质上是一个互惠机制，以个人为管理主导方的方式平衡个人数据隐私以及商业利益实现①。

从商业价值和数据质量的角度出发，Mydata的主要应用场景为金融领域的个人数据账户。个人数据账户是个人在物理世界活动的数字化记录或网上镜像，包含个人的基本资料、消费、社交、偏好等内容。通过Mydata，个人可以一次性地查询分散在各机构和各企业的个人信息，并选择性地主动向某些企业提供个人信息来获得商业或服务的推荐。韩国金融服务委员会作为主要监管部门，通过发布Mydata指南，以韩国"数据三法"为指导方针，加速Mydata在金融领域的应用②。截至2021年9月，韩国共发放Mydata运营牌照45张。

（2）金融机构账户——法人机构识别编码LEI

2008年，席卷全球的国际金融危机导致资本市场全面崩盘，实体经济受损。危机过后，为防范全球范围内统一的系统性金融风险，提高全球的金融业监管水平，2011年7月，金融稳定理事会（Financial Stability Board，FSB）提议构建全球法人机构识别编码（Legal Entity Identifier，LEI）体系，该倡议于2012年6月在G20洛斯卡沃斯峰会上通过。

---

① 刘新海，安光勇. 数字经济下个人信息保护的挑战和应对——基于本人数据管理的新思路［J］. 清华金融评论，2021（3）：95-96.

② 刘新海，安光勇. 数字经济下韩国个人征信立法的最新推进［J］. 中国信用，2020（8）：117-119.

2013年1月，LEI编码由LEI体系监管委员会（ROC）发布，该编码的编制以国际标准化组织《金融服务法人机构识别编码》（ISO 17442）为基准。LEI编码由20位数字和字母组成，其中，1~4位是LOU代码，即国家代码，由ROC秘书处向ROC申请成员分配；5~6位为0，作为保留位；7~18位由各本地系统 LOU 为法人机构分配；19~20位是校验位，由数字组成，依照 ISO 17442 标准执行[1]。LEI编码具有"一户一码，终身不变"的特征，主要用于识别全球体系下的法人机构，辅助监督从事国际贸易的企业的交易合规性[2]。

目前，全球LEI组织体系已经基本形成，自上而下分为三层：第一层是监管委员会（Regulatory Oversight Committee，ROC），由全球的金融监管机构组成，代表公共利益，主要负责协调和监督法人机构识别以及制定LEI体系主体方针、标准、规则。ROC成立于2013年1月，目前有70多个成员单位。中国人民银行于2013年1月成为ROC的成员单位，代表中国的金融监管机构，负责跟进LEI体系推进情况并同步服务国内企业完成LEI编码注册工作。

第二层是中央运行系统（Central Operating Unit，COU），负责全球LEI数据的集中和处理，由2014年成立的非营利的全球 LEI基金会（Global Legal Entity Identifier Foundation，GLEIF）负责筹建并运营，总部位于德国法兰克福，我国已派员加入GLEIF并担任董事。GLEIF是全球唯一能提供开放式、标准化、高品质的法人机构参考数据的在线资源，主要职责是提供全球 LEI索引，监督本地系统、保证数据质量、提供数

---

① 纪程瑶，刘云. 全球法人机构识别编码（LEI）相关问题研究及上金所实践［J］. 海南金融，2020（7）：70–75.

② 刘凡，王冠男，高鹏洋等. 顺应金融市场双向开放　推动LEI编码广泛应用［J］. 金融电子化，2018（10）：15–17.

据服务等。

第三层是本地系统（Local Operating Unit，LOU），是LEI体系的基础层，由ROC成员在本国司法辖区内设立，负责受理法人机构的编码注册及本地数据管理。本地系统需通过中央系统认可后，其发放的编码才能被全球其他本地系统认可。所有本地系统均采用统一的数据标准和编码注册，法人机构可以自由选择任何一家经认可的本地系统进行编码注册。目前我国的本地系统LOU为全国金融标准化技术委员会负责运营①。

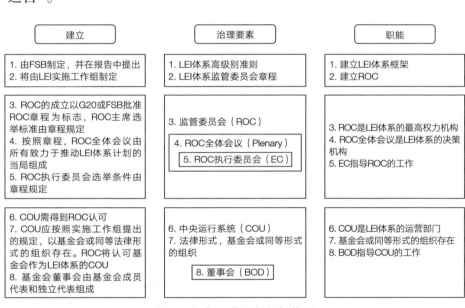

图4　全球LEI体系组织架构图

（资料来源：全国金融技术标准化委员会官网。）

---

① 张雯华. LEI发展之路——全球金融危机后的监管重建［J］. 金融博览，2016
（5）：56–57.

2.4.2 国内应用实践与探索

目前，上述枚举的数据资产账户及其运行体系尚未在我国商业银行等金融机构具体实施。但在数字经济发展大背景下，我国商业银行已经在数据资产账户运营上开展了积极有益的实践。

（1）工商银行数字信用凭证

通过利用区块链技术，工商银行联合第三方供应链金融服务平台，将核心企业及其供应商的资金流和贸易流集成到区块链联盟平台上，相当于核心企业用数据赋能信用评级。借助区块链的技术优势，银行透过链上交易掌握企业真实交易信息，通过交易信息反过来为企业提供信用赋能，缩减融资手续，节约金融中介和融资企业间的尽调成本。在供应链上，任何一家供应商只要持有数字资产凭证，就可以凭该证向工商银行在线提出融资申请，该申请经工商银行智慧信贷平台批准后，贷款资金就可以较快地支持企业经营发展。

（2）农行数字化账户运营体系

为了满足平台获客和批量获客的需求，实现信息处理智能化、服务线上化，中国农业银行推出了数字化账户运营体系项目。该项目内部主要对接企业掌银App和各门户网站，对外主要对接浙江省政府采购平台、江苏省政府平台等十五个信息平台，通过内外部的联通，建立"场景+账户"的金融服务模式，将对公端的服务输出应用到各场景中。目前，该数字化账户运营体系项目的一期功能已全部投产。

受新冠肺炎疫情影响，各地企业的经营都承受一定压力。为助力企业复工复产，农行上海分行于2020年3月12日在全行范围内推广"数据资产账户"项目，将企业开户预约场景带入新型数字化场景模式，从而实现了工商企业"一窗通"服务平台、人民银行"上海市银行账户服务信息系统"与中国农业银行总行"数据资产账户"等系统间的直联对接，开辟了云端受理账户预约、自动生成预约账号、主动推送客户经理的一站式账户服务流程，将产品和服务相融合，在为客户提供更好开户体验的同时提升了银行的获客能力。

随着农业银行数字化账户运营体系在全行的推广，数字账户将发挥越来越重要的基石作用。未来，农业银行进一步提升数字化运营水平，以用户为中心，努力将产品嵌入服务场景，不断丰富和升级数据资产账户产品和服务，大幅提升银行在对公端的服务效率。

（3）平安银行"数字口袋"

平安银行"数字口袋"是平安银行为支持中小微企业发展需求而推出的一个为用户提供数据资产管理及综合性服务的平台，为便于平安银行用户的数据资产在平台上合规流转并产生价值，数字口袋主要通过"数字证"去串联用户和数据来源方，继而基于"数字分"为不同客户群提供精细化服务。

"数字证"代表数据流转的凭证。目前数据资产的流转，是基于机构与机构之间自身商业行为进行交易的。数字口袋作为中间的流转媒介嵌入数据来源方和使用方之间，基于用户需求，通过数字证驱动数据资产的流转。用户对自有的数据资产授权后，就会产生数据资产凭证，凭证的流转就可以替代底层场景双方的直接数据交换。相较于底层场景的原始数据，数字证可以凭借存储空间小、安全性能高等优势更为便捷地交互融合。以融资为例，当用户通过数字口袋使用过平安集团的相关产品如租赁、保险等，其在数字口袋就会生成相应的数字证。平安银行只要通过该数字证调取评估相关必要信息，就可以为该用户提供相应融资额度。未来，数字口袋通过数字证嵌入社会层面如政府公共部门、第三方平台等的数据来源方和使用方之间，就可以根据用户需求为用户提供更多如医疗诊断、智能管家、教育方案定制化等服务①。

目前，平安银行的"数字分"体系主要通过两个方面实现。一方面是基于用户在平安集团内部的价值给予其相应的分值，用户在平安集团内部购买产品就可以获得相应的数字积分。另一方面是通过用户在外部的场景所产生的数据，进一步丰富数字分体系。在其他平台上，可以通过基础数据加上各种数字证中的数据，统一建模，从而丰富平安银行的数字分。根据不同等级的数字分，平安银行可以提供给用户相应的服务，包括贷款权益（利率优惠）、资产管理（理财产品）等。

整体而言，数字口袋是平安银行打造的对公版一账通。通过建立数字口袋ID，统一用户体系，再将银行、其他平安专业公司以及外部合作方的优质服务集合到数字口袋，最终通过数字证建立用户共同的数字分体系，基于数字分实现平安银行客群经营的定制化和专属化。

（4）民生银行云账户

云账户是民生银行针对创业型客户专属开发的一款集开户、签约、结算、查询、变更、对账、撤销于一体的账户综合管理产品，其开户环节创新采用客户线上（微信、网页）申请线下交付模式，实现简单便捷的开户体验。目前仅支持开立人民币基本存款账户及一般存款账户。

云账户具有五个主要优势。一是扫码开户，单位开户零门槛，不受时间、空间限制，客户只需通过微信扫描二维码即可办理开户申请。二是一站式交付，线上完成申请并经民生银行审核通过后，即可前往约定网点办理交付手续，交付立等可取。三是全产品覆盖，云账户开户将

---

① 李跃. 金融机构利用数字化手段助力经济复苏［EB/OL］. https://baijiahao.baidu.com/s?id=1685761197923825449&wfr=spider&for=pc，2020-12-12.

对公账户及法人个人账户的开立整合，并一次性同步签约丰富的银行产品，满足云账户客户的结算及增值需求。四是全程电子化，云账户通过企业网银、手机银行、结算卡等新兴结算产品，实现电子化、自动化渠道高效办理支付结算，免去来回网点流程。五是全云端服务，单位客户可通过全程电子化的线上业务申请及办理，尽享线上服务的便捷和高效。

通过"云账户"开户实现公、私联动，一站式签约绑定对公及个人网银、单位结算卡、账户通、个人手机银行等产品，满足客户的各项结算需求，方便快捷。

（5）华夏银行账务通

华夏银行账务通是面向各类数字化场景下资金分类管理、分项核算需要，通过在同一结算账户下开立多层级账簿，每个账簿均作为资金管理的内部簿记，实现仅需要使用一个账户，就可以分别记录不同类型资金的余额和明细，协助客户对资金分类管理和分项核算。目前已经应用于财政资金管理、集团资金管理、投标保证金管理、法院案款资金管理、资金监管等业务领域。

客户在结算账户下开立多层级账簿，每个账簿可以单独设置支付额度和内部计价标准，并可以将账簿操作权限灵活分配给多个操作员；每个操作员只能对自己有操作权限的账簿登记的资金进行查看和管理。同时设有超级管理员，能够实时监控、操作各个账簿，并管理各操作员用户权限，使总公司能自主掌控资金使用情况。典型的业务场景包括：政府为各部门设立账簿用于财政资金分类管理、集团公司为不同分公司设立账簿实现集中代理收付款、招标代理公司为各标段建立账簿用于保证金管理、法院为各个案件专户建立账簿实现"一案一账户"管理等。账务通在不同业务场景中的灵活使用，极大地提高了财务工作效率、降低了资金挪用风险。

华夏银行账务通支持现金管理客户端和银企直联两种服务模式。其中现金管理客户端模式免去企业开发和对接成本，签约后即可直接使用；在银企直联模式下，相关功能嵌入企业平台自有场景之中，为平台用户提供场景化的服务。自账务通推出以来，已经服务数百家客户，涵盖财政、金融、法院、招投标、建筑工程、交通运输等多个业务领域，获得了市场好评，体现了华夏银行在数字转型中提供线上化、场景化金融服务的探索与实践。

估值篇

03

金融数据资产

账户、估值与治理

数据资产估值：数量化的价值评估与交易流程

数据资产的估值是当前数据从资源转化为资产的一大难题。数据的非竞争性和无限共享等特征，支持其潜在巨大应用价值。数据从资源转化为资产，除了要在度量标准上进行统一，还要明确数据资产的权属关系，使数据资产的价值可被可靠地计量。在此基础上，通过建立数据标准、数据资源深加工、数据资源整合并评估三个步骤，对数据资产进行合理的估值和定价。在数据资产估值环节，为了对数据要素的采集流转、处理计算、质量监测以及提供数据服务的资源成本和人力成本进行记录和测度，尽量实时、客观、真实的反应数据资产价值，理论上应探索建立数据的资产负债表，从而提供标准化的评估体系、展现各个层级的评估成果以及可比较的评估标准。在此基础上，进一步设计数据资产估值机制，包括估值定价机制、主体参与机制和技术保障机制，最终赋能数据资产的有序交易和流转。

对数据资产进行估值，要明确数据资产是如何形成的？需要具备哪些条件？由于当前尚无公认权威的数据资产定价方法，因此本篇借鉴无形资产的估值定价模式，基于数据资产交易流转的特征探讨数据资产的估值定价思路。当数据资产可以通过合理的方法被定价后，就需要经过一系列会计方法对其进行登记与核算，主要考虑数据要素的资产负债表应该如何构建？其定位与基本框架是什么？因此，本篇探讨未来构建数据资产负债表的初步设想。当数据资产可以被核算和估值后，需要通过相应的市场机制和流转机制实现数据资产交易，就会涉及如何设计数据资产估值的机制以及交易流转的方式。本篇最后对数据资产的估值机制进行设计，展望数据资产交易流转的可行模式。

3.1 | 数据资产的形成

从要素流通角度看，数据从资源转化为资产，一方面需要在度量标准上进行统一，另一方面需要明确数据资产权属关系，有效界定数据资产的使用规范、制订数据资产相关法律法规等，合规稳妥地将数据资源转换为数据资产。

3.1.1 数据如何成为资产

根据上述数据资产的界定，数据资源要成为数据资产需要满足三个条件：个人或企业拥有数据资源的权属，数据资源可以创造价值或者带来收益，数据资源的价值可以被可靠地计量。

（1）个人或企业拥有数据资源的权属

明确数据资产的权利属性对于数据资产在社会生产、社会服务中发挥效用，提升社会生产力具有积极的现实意义。

目前，对于大量采集、处理原始数据的企业，就其合法收集和处理后的数据资产究竟享有何种权利的探讨，我国在立法层面还处于初级阶段，2021年1月1日实施的民法典对数据的权利保护留出了立法空间。《民法典》第一百二十七条规定："法律对数据、网络虚拟财产的保护有规定的，依照其规定。"《深圳经济特区数据条例》首次在立法层面明确了数据权概念，力求解决数据要素市场化配置的基础问题，其第四条规定："自然人、法人和非法人组织依据法律、法规和本条例的规定享有数据权，任何组织或者个人不得侵犯。数据权是权利人依法对特定数据的自主决定、控制、处理、收益、利益损害受偿的权利。"但在关于数据资产归属何种权利的法律问题上，还需要结合数据的权利属性作进一步深入研讨，梳理总结理论和司法实践的经验。

在实践中，以互联网企业为例，数据的产生基于用户在平台上的行为，是因用户有意识的行为或活动而产生的结果，平台通过其提供的服务可记录、保存用户特定行为痕迹，个体用户的行为不局限于某个特定的平台，用户在任何提供同质服务的平台都可能产生相同的行为数据，而单个独立平台对数据的记录、存储及使用可能不尽相同，因而用户的行为数据的权属不能单纯地被界定为属于用户所有，该部分数据可以看作是用户与平台共同"生产"的结果①。目前在实践中，对于获取用户行为数据，主要的关注点在于保护用户隐私，例如各互联网平台在用户签约时通常要求签订服务条款及隐私政策，隐私条款中一般会列明如下类似条款："我们严格遵守法律法规的规定及与用户的约定，将收集的信息用于以下用途。若我们超出以下用途使用您的信息，我们将再次向您进行说明，并征得您的同意。"其中，"用户信息"一般包括用户的设备信息、视频、图片、为用户识别而采集的一系列信息，"用途"一般包括提供个性化服务、产品优化、提供广告资讯、安全保障等。平台基于商业用途使用经过加工后的数据，应当具有脱敏性以及不可复原性，也不可指向特定的个人，同时用户有要求平台更正以及删除自身信息的权利。

目前，数据资产对其拥有者而言，是否属于一种财产，该拥有者是否对数据资产享有财产所有权等问题已经有相关的判例。在我国司法实

---

① Posner. The economics of privacy [J]. The Amercian Economic Review, 1981, 71 (2): 405–409.

践中，倾向于保护企业在获得用户信息收集授权后，运用自身技术手段、基于合理的商业用途将用户数据进行特定的脱敏、匿名等处理后形成的特定数据资产的竞争性财产权益。在《淘宝诉美景公司大数据产品不正当竞争纠纷案民事判决书》[（2017）浙8601民初4034号]一案中，针对淘宝公司对于"生意参谋"数据产品是否享有法定权益的认定上，法院认为原始网站只是转化了其用户信息的记录，本质上仍旧属于网络用户信息范畴。因此网络运营方对于这部分数据并不具有所有权，需要遵循网络用户的意愿。而对于网络经营方经过深度开发后所形成的相关数据产品，法院认为其提供的数据产品在内容上虽然源于网络用户信息，但最终呈现的结果已独立于网络用户信息，是与网络用户信息无直接对应关系的衍生数据，同时为淘宝公司带来了可观的商业利益与市场竞争优势，因此网络运营者对于其开发的大数据产品，应当依法享有竞争性财产权益[①]。虽然我国非判例法国家，但此次判决中法院对于淘宝"生意参谋"收益权的确认对于后续数据产品的设计、使用仍具有指导意义，法院认可数据产品具备交换价值，该类产品是原始数据之外的衍生与应用，平台通过自身的智慧及努力打造其核心竞争力，这对于平台而言是一项重要的财产权益，而目前的司法实践也倾向于认可平台对于用户原始数据具有使用权，也倾向于保护平台的劳动成果及财产权益。

综上所述，虽然目前在法律层面上对于数据资产的权利属性问题，尚未有统一的规范，但深圳以条例征求意见稿形式首开"数据权"先河。同时在实践中，对于互联网平台、数据服务商等企业在获取数据主体的合法授权收集原始数据后，对原始数据在企业内部的使用予以认

---

① Gibson R, Hoesli M, Shan J. The Valuation of Illiquid Assets: A Focus on Private Equity and Real Estate [J]. Swiss Finance Institute Research Paper, 2022 (22–12).

可；对于原始数据经过脱敏、匿名化处理后再加工形成的数据资产，通过反不正当竞争法的相关规定对其财产所有权和竞争性权益予以保护。

（2）数据资源可以创造价值

数据之所以成为资产，是由于对数据的应用可以创造价值。我们已经进入大数据时代，每时每刻都在产生大量的数据，从数据的创造到获取再到运用，数据作为生产要素已经渗透到各行各业。购物平台可以依据买家的消费记录和浏览记录进行精准营销；制造业可以通过监控生产流水线数据实时分析生产情况以提高生产效率；保险机构可以根据驾驶员的行驶记录、出行数据准确制定相应的保费等。以上各种应用都体现了数据在被有效地利用后可以产生巨大的价值。何海锋等[①]（2018）提出，数据资产的价值实现是通过对数据的整合、分析与比对等流程，创造有利于生产力发展的价值。一个典型的例子是电商运用海量数据来完善客户画像，进而根据客户画像向客户提供针对性服务或辅助产品设计，提高管理和决策效率。王汉生[②]（2019）也提出了相似观点，认为数据资产能创造价值，为企业带来预期收益，数据的价值具体表现在三方面：增加收入、降低成本与降低风险。增加收入表现在，通过对数据的合理分析，并应用在相应的场景，提高客流量、提高转换率、增加销量或匹配更适合自身的融资业务。降低成本表现在，通过数据分析降低信息不对称，及时了解市场波动、政策变化或提高员工效率。降低风险表现在，通过完善客户画像，提高数据丰度及有效性，改进风控模型。

数据的获取主要有两个途径，即生产经营中的附加产物及外部获

---

① 何海锋，张彧通，刘元兴. 数字经济时代的数据资产［J］. 新经济导刊，2018（12）：60-64.

② 王汉生. 数据资产论［J］. 经济理论与经济管理，2019（6）：113.

取。外部获取又可以分为免费获取和交易两种方式，免费获取的数据大多来自政府机构或非营利组织等公共来源，这类数据虽然获取成本较低，但是由于不具有排他性，在同等数据开发水平下对降低信息不对称的作用通常低于生产经营中获取的数据和交易获取的数据。在大数据时代下，由于各行业对数据的应用逐渐成熟，生产经营形成了数据依赖，当生产经营获取的数据和免费获取的数据无法满足需求时，数据交易逐渐成为重要的数据获取来源。王嘉旂[①]（2020）提出，数据从资源成为资产，数据资产定价最为基础。只有数据资产的买卖双方在价格上达成共识，交易才能进行。与传统资产不同，数据由于未经完全加工，因此买卖双方都无法判断数据的价值。实际上根据应用场景不同，同一数据为不同买方带来的价值也不尽相同。从买方角度而言，资产定义的其中一点是成本或价值可以可靠计量，而从生产经营中获取的数据无法可靠计量其成本或价值，只有通过交易获得的数据，才能可靠地计量其成本。

（3）数据资源的价值可以被可靠计量

数据要成为资产的第三个必要条件，是其价值必须可以被可靠地计量。由于目前数据资源的体量巨大，各行各业所产生的数据标准内容也不尽相同。因此数据资产化最为关键的就是进行统一标准的计量。目前，已经有对单一类型数据资产进行统一计量的实践。以我们常见的电子书、图片和音乐等数据产品为例，这些数据产品可以较好地在市场上流行主要是因为它们具有各自的计量和计价单位，使它们可以被准确地存储和管理，例如，电子书是以本为单位、图片是以幅为单位、音乐是以首为单位等。这种单类型的数据产品计量单位就是统一标准的结果，

---

① 王嘉旂. 数据交易让数据从"资源"变身"资产"[N]. 文汇报，2020-01-05（004）.

是其可以被精准计量的前提条件。

结合单一类型数据在资产化过程中的实践经验，大规模数据的资产化同样需要有规范统一的计量单位，以便精准地计量、存储和管理。由于不同的数据在不同人手中所蕴含的价值不同，因此数据资产的计价和计量难度较大。例如图书，其价值因人而异，对其定价肯定不能以其内容为主，为此就需要根据其出版的成本进行确定。根据联合国教科文组织对图书的定义，凡由出版社出版的不包括封面和封底在内的49页以上的印刷品，才可以称为图书。因此，图书的最小计量计价单位是本或册。参照这种做法，数据资产要进行可靠的计量和计价，可以先根据相关规定在数据资产权属机构进行标准的统一规范，按照一定的标准进行分组从而形成数据集，以数据集为单位进行计量和计价。根据这个计量和计价单位，可以建立数据资产目录，从而明确数据资产的类别和管理范围。数据管理机构可以根据目录对数据资产进行检索、盘点和管理。以此为基础，数据资产具备了被计入企业资产负债表的条件，所对应的数据产品就可以进入市场流通和交易。

《深圳经济特区数据条例》第四十九条规定："市数据统筹部门应当会同市标准化行政主管部门制定数据质量标准、数据安全标准、数据治理评估标准、数据价值评估标准等地方标准，保证标准的科学性、规范性、时效性、统一性。"从立法的维度，我们也可以注意到数据资源的价值，通过多个标准，可以被可靠地计量。

3.1.2 从数据资源到数据资产探析

当数据资源满足上述三个条件，就可以认定这个数据资源为数据资产。从数据资源到数据资产的形成机制，主要有三个步骤：建立数据标准、数据资源深加工、数据资源整合并评估，具体如图5所示。

图5　数据资产形成路径

（1）建立数据标准

建立数据标准主要包括数据资源确权、用户的数据隐私管理以及行业数据的标准化。数据资产化的第一步是数据资源确权。如前所述，目前虽有《深圳经济特区数据条例》关于"数据权"的明确定义，但在国家层面的法律法规上，目前还未有统一的界定方法，数据资源确权仍旧面临挑战。因此，可以借鉴目前市场上典型行业的数据产品确权方法。以对数据隐私的管理为例，由于不同数据来源主体的资产类别存在差异，因此就需要针对不同类别的数据资产划分隐私保护级别，确保数据在使用过程中的安全性。在行业数据标准化过程中，不同的数据来源主体需要根据标准化工作流程建立相应的数据报文标准和数据字段标准，以便对分散在不同行业中的数据提供统一的基础标准，保障行业数据资产的统一和规范。

（2）数据资源深加工

数据资源的深加工主要包括元数据获取、元数据筛选和建立数据标签。元数据作为描述其他数据的数据，是关于数据组织、数据域及其关系的经过标准化后的信息。元数据的获取就是根据元数据的相关业务关系，抽取标准的相关元数据。为确保数据内容是有效的，需要对元数据进行筛选。这个过程主要是根据元数据的字段填充信息，对不同的主数据进行隐私扫描，并且对上述步骤进行核验[1]。在对元数据经过抽取和筛选后，最后一步是为所选数据设置数据标签。数据标签的主要作用是详细说明数据内容在应用领域和使用时效等方面的信息。

（3）数据资源整合并评估

数据资源整合并评估主要包括数据质量评估、数据价值计量以及对外建立数据使用接口。在数据资产质量评估方面，在对数据资源进行确权后，需要通过相应的技术手段对数据质量进行度量。对于数据使用者而言，不是所有的数据资源（诸如一些没有权益的数据或者"垃圾数据"）都可以成为资产，由于数据质量直接决定了数据的价值，对于要资产化的数据资源，其重点就在于如何识别和控制数据的质量。一般而言，可以通过建立数据质量评估报告进行操作。根据数据的属性及其业务特征，构建数据质量规则体系。根据该体系，通过设置相应的权重和评分规则，创建一套从数据的发布、处理、审核到归档的监督机制和评分机制，最终计算得到数据的质量评估总分。在数据资产价值评估方面，需要建立一套数据资产价值评估的指标体系，采取如成本法、收益法等资产价值评估方法对数据资产价值进行评估，进而生成数据资产价值评估报告。将数据包封装是数据资源整合和评估的最后一步，是进行数据输出的最后一个环节，其主要内容包括数据的详细内容、数据资产权属证明以及数据资产质量评估报告，通过将这些内容进行统一打包生成数据集或数据包，并采取一定的加密措施，确保数据输出的安全可靠。

---

[1] Yang Y, Chen T. Analysis and visualization implementation of medical big data resource sharing mechanism based on deep learning [J]. IEEE Access, 2019, 7: 77–88.

3.2 ｜ 数据资产的估值定价

根据相关会计规定，目前数据资产无法计入会计报表，因此人们普遍认为，通过查看公司"账面价值"来确定企业价值的方法，已经不能充分地反映公司的真正价值。可以预测，未来数据的价值将很有可能显示在会计报表中。本节主要对数据资产的定价与估值进行探索。

3.2.1 无形资产的估值定价

因为数据资产交易本身具有数据复制的特点，数据交易平台无法照搬证券交易所或其他交易机构的交易模式。由于数据资产不具有实物形态，若未来数据资产进入资产负债表中，应当属于无形资产大类。数据资产与现有的任何一种无形资产都存在差异点，比如和数据资产相似的专利权，在交易完成后，卖方即使掌握专利权的所有信息，也无法通过该专利权获利，而数据资产的交易完成后，卖方在没有合同约束或者法律法规限制的情况下，原则上可以将同样的数据再出售给第三方[1]。需要指出的是，无形资产价值评估的三种常用方法——收益法、成本法及市场法，依然对数据资产估值有借鉴意义。[2]

（1）收益法

收益法的理论基础为无形资产的价值由其投入使用后的预期收益能

---

[1] Acquisti, Varian. Conditioning prices on purchase history [J]. Marketing Science, 2005, 24 (3): 367–381.

[2] 上海德勤资产评估有限公司，阿里研究院.数据资产化之路——数据资产的估值与行业实践［J］. 2019.

力体现，是基于目标资产预期应用场景，对未来产生的经济收益进行求取现值的一种估值方法。

①优势

收益法的优势主要在于该方法可以通过对应数据资产与相关收入的相关关系进而反映数据资产的经济价值。

②局限性

收益法的局限性主要体现在两个方面。第一是数据资产的使用期限难以确定。由于数据资产往往是动态的，其产生的收益时间并不固定。第二是数据资产在不使用的情况下无法准确计算现金流。即便是通过增量收益法对比数据资产在使用和不使用的情景下所产生收益的差额，但数据资产市场情况较为复杂，仍旧难以测算在不使用数据资产情况下所产生的现金流。

（2）成本法

成本法主要是从资产重置成本的角度对资产进行估值的方法。其价值产生的理论基础主要由生产无形资产的必要劳动时间决定。在成本法下，数据资产的价值等于重置成本与数据资产贬值的差额。重置成本主要包括合理的成本加上利润。贬值主要包括实体性贬值、功能性贬值和经济性贬值。

①优势

成本法的优势在于其计算相对简单，以加总计算为主，相对易于理解。

②局限性

成本法的局限性主要体现在成本不易区分、贬值因素不易估算和不易计算数据资产收益三个方面。

绝大部分数据资产都没有直接成本，并且其间接成本的分摊也较难计算，使得数据资产对应的成本在区分度上存在较大难度。对于数据资产的贬值因素，由于数据资产的不同，其贬值因素也存在较大差异。同时，由于许多贬值因素，如司机的驾驶习惯、出行数据的时效性等都难以精准计量，因此数据资产贬值的因素量化也存在较大难度。传统资产的利润率如房屋建造等，可以参考实际利润率。但数据资产并没有相应的实际利润率可以作为参考，因此对其收益的计算并不能简单选取一个利润率，这也导致数据资产的收益难以计算。

（3）市场法

市场法的原理是参考相同或相似资产市场的交易案例进行估值的一种方法。其应用前提是必须要有一个与其相同或相似的资产用于交易的市场，且交易价格容易获得。目前，我国成立的如贵阳大数据交易中心等数据资产交易市场就是对用市场法估计数据资产价值的一种探索。

①优势

市场法的优势在于可以客观反映资产的市场流转和交易情况，例如估价的指标和参数可以直接从市场获取，其真实性相对有保障。

②局限性

市场法的局限性主要体现在需要以相应的市场以及交易背景作为参考，但这两类对于目前的数据资产定价还存在一定难度。

目前我国虽然在贵州、上海等地成立数据资产交易平台或中心，但由于数据资产的界定还处于探索阶段，尚未形成完整的数据资产交易平台，也就无法提供全面、准确的数据资产交易信息。同时，由于不同数据资产的交易背景并不相同，如教育数据和美妆行业女性客户数据，虽然上述两者均为数据资产，但由于应用场景的不同，这两者的资产定价并不具有借鉴性。

3.2.2 数据资产的交易流转

在数据产业发展初期，企业难以准确计量数据成本或者数据为企业增加的现金流，通过收益法、成本法对数据资产估值显然存在一定局限性。而市场法可以真实反映市场情况、买卖双方的意愿，并且能在一定程度上修正应用场景不同带来的价值不同的问题。目前，我国较大的数据交易平台有上海数据交易中心、贵阳大数据交易所、北京国际大数据交易所等。数据交易平台是数据交易的"倍增器"，可以对不特定主体间数据交易的需求进行匹配。数据交易平台促进了大数据产业链上下游整合及横向多种产业整合，数据和价值连接产生的数据关系挖掘和沉淀价值利用的商业模式应运而生，通过数据发现隐藏的相关性，从而实现商业指导、精准服务、决策服务；需求和供给连接产生的商业模式，有效地降低了需求和供给之间的连接成本。①

3.2.3 数据资产如何定价

根据 2011 年《国务院关于清理整顿各类交易场所切实防范金融风险的决定》，为了防范金融风险，数据交易平台应当避免以集中竞价、电子撮合、匿名交易、做市商等集中交易方式进行标准化合约交易。数据交易平台的商业模式一般是从交易中按比例进行分成，或通过提供服务来赚取服务费用，仅提供协助定价的服务。对数据的定价直接影响到数据的价值，而影响数据定价的因素较多，不同种类的数据价格机制也不相同，总的来说，数据的价格受到种类、跨度、深度、完整性、时效

---

① 陈光. 大数据发展新趋势［J］. 中国建设信息化，2015（19）：66-68.

性等因素的影响。无论如何，数据的价格始终还是由供求关系所决定的。史宇航（2017）认为，目前数据交易过程中对于数据的价格并没有统一的评判标准，难以准确衡量数据应有价值。[①] 在数据质量方面，交易中也存在数据格式不规范、内容不完整的问题，影响数据交易的顺利进行，并且容易导致法律纠纷的出现。

吴秋玉（2018）认为，当前数据资产交易通常由卖方推动，买方对于将要购买的数据的信息知之甚少[②]。信息的这种不对称导致定价缺乏透明度，持续损害卖方利益，这就会形成典型的"柠檬市场"。由此，建立具有标准化定价模型的数据市场是非常必要的。最基本的是权重法，即对于任意度量，可以根据每个度量对数据价值的贡献权重分配每一个度量相应的权重。然后根据其度量值分别计算后，进行定价。李然辉（2018）提出了层次分析法与专家打分法两种方法[③]。层次分析法是20世纪70年代起源于美国的一种结合定性和定量的多准则决策方法。该方法根据不同的组成因素将问题分组形成不同的层级结构，通过两两比较和专家意见从而确定结果。专家打分法是由美国兰德公司首次使用的。这种方法是由每个专家对问题给出意见，经过综合整理后再次反馈给专家，专家根据综合意见再进行评分和修改，并进行反馈。经过多次反复后，最终取得一致的预测结果的决策方法。

然而，无论以上哪种估值方法，最重要的是确定影响数据资产价值的影响因素（度量）。李然辉（2018）提出，数据资产评估的指标体系

---

① 史宇航. 数据交易法律问题研究［D］. 上海交通大学，2017.

② 吴秋玉. 数据资产的风险定价模型［D］. 大连理工大学，2018.

③ 李然辉. 数据资产价值评估模型的理论研究与技术实现探讨［EB/OL］. http://blog.sina.com.cn/s/blog_14589d5980103065v.html，2018.

可以分为数据质量价值评估与数据应用价值评估。数据质量是保证数据应用的基础，是数据资产价值得以实现的前提。随着企业拥有数据量的急剧扩大，数据质量问题变得日益突出，数据的质量将严重影响企业数据资产的价值，是决定数据价值高低的重要因素。数据质量评估的维度包括数据的完整性、正确性、一致性、重复性。数据质量评估能够对整体或其中部分数据的质量状况给出一个合理的评估，帮助数据用户了解数据的质量水平，进而对数据应用水平予以预测，评估企业数据资产的真实价值。数据的价值只有在应用时才得以体现，应用价值是数据资产的核心价值。数据应用价值评估的维度包括场景经济性、稀缺性、时效性、多维性。数据的应用价值在不同的行业、不同的应用场景下大小不同。在市场环境下，数据的垄断也是决定数据价值高低的重要因素。在不同应用场景下，对数据的时效性要求也不同，有些场景需要实时性数据，而有些场景需要较长时间周期的历史性数据。交叉性的多维数据带来更深刻的洞察，因而价值也更高。[1]

2019年12月31日，中国资产评估协会制定了《资产评估专家指引第9号——数据资产评估》，已经明确数据资产价值的评估方法包括成本法、收益法和市场法三种基本方法及其衍生方法。

对于成本法，数据资产的价值是由该资产的重置成本扣减各项贬值确定，其基本计算公式为：

评估值＝重置成本×（1-贬值率）

＝重置成本-功能性贬值-经济性贬值

收益法评估数据资产时，数据资产作为经营资产直接或者间接产生

---

[1] 杨农. 数字经济下数据要素市场化配置研究［J］. 当代金融家，2021（4）：118-120.

收益，其价值实现方式包括数据分析、数据挖掘、应用开发等。收益法较真实、准确地反映了数据资产本金化的价值，更容易被交易各方所接受。

市场法通过以下公式中的因素修正评估数据资产价值：

被评估数据资产的价值=可比案例数据资产的价值×技术修正系数×价值密度修正系数×期日修正系数×容量修正系数×其他修正系数

使用市场法执行数据资产评估业务时，应当收集足够的可比交易案例，并根据数据资产特性对交易信息进行必要调整，调整参数一般可以包括技术修正系数、价值密度修正系数、期日修正系数、容量修正系数和其他修正系数。

《深圳经济特区数据条例》中也明确了数据价值评估体系的基本原则，从评估机构和评估专业人员两个角度建立数据价值评估体系，推动数据要素价格市场化改革，引导市场主体依法合理行使数据要素定价自主权。

3.3 │ 数据资产财务核算——数据资产负债表

数据贯穿数字经济发展的全流程，其演变和发展已经从根源上重构了经济环境的发展和具体的商业模式。为此，需对数据资产进行财务核算，建立数据资产负债表，从而反映客观经济活动的会计准则和规范，确保财务会计在新经济环境下可以持续为财务报表使用者提供有用信息。

3.3.1 数据资产负债表的性质

数据资产负债表主要是为了将企业在进行数字化转型时产生的各种数据资产进行收集、整理和处理，以达到数据资产使用效用最大化。是为了管理会计提供更加高效且及时的信息，以便对快速发展的企业以及快速变化的环境进行应对和管理，从而做出最优经营策略。一般而言，数据资产负债表的定位主要是为企业经营者的生产经营决策提供数据支撑。

第一，数据资产负债表是对内报表，其产生是为了给企业管理层提供更加全面及时的信息以便做出最适合企业的经营战略，其最终目的是使企业内部管理更加科学、准确。第二，数据资产负债表是动态的报表，其使用的数据是具有及时性和动态性的，它的数据在不断变化当中，所以它的分析结果也在不断变化当中，因此它能够为企业提供最新的分析结果，使企业管理层能够依靠最新的信息及时地为企业制定战略。第三，数据资产负债表是基本报表而不是附属报表，它的数据庞大，分析内容众多，在重要性上也占有很高的地位，因此应将其定位为基本报表。第四，数据资产负债表因其业务量庞大且更新变化速度快，月度和季度报表不能反映其宏观上的发展变化，因此将其定义为年度报表。第五，数据资产负债表是个别报表，数据资产是以用户数据为中心的，数据类型众多，同一集团企业内的不同子公司数据不同，差异性过大，虽然基本框架相同，但在细节上不能有一个统一的格式，因此需要作为个别报表进行披露。

随着数字经济进程的不断推进，用户、基础业务、知识产权等数据资产在企业发展过程中发挥着越来越重要的作用，但传统的财报并没有涉及这些内容，因此基于上面的分析，本文认为数字资产表的框架结构主要包括顾客资产、业务数据、知识产权等内容。①

3.3.2 构建数据资产负债表的基本设想

对于满足确认条件的数据资产，即可以入表的数据资产，借鉴《企业会计准则第6号——无形资产》对满足确认条件的无形资产的相关披露要求，企业应按照数据资产的主要类别在数据资产负债表附录中批注，其主要内容包括账面价值、累计摊销和减值准备。账面价值下，可以设置期初和期末账面余额、本期增加和减少金额，其中，增加部分需要填充包括购置、自身产生、企业合并增加、其他等子科目，减少部分需要填充处置、失效且终止确认和其他等子科目。累计摊销额下，可以设置期初和期末余额、本期增加和减少金额。其中，增加部分需要填充计提等子科目，减少部分需要填充处置、失效且终止确认和其他等子科目。减值准备下，可以设置期初和期末余额、本期增加和减少金额。②

对于不满足确认条件的数据资产，即不可以入表的数据资产，也必须要以合理的方式进行呈现。具体可以披露的内容包括：第一，此类数据资产的取得方式（例如是否通过公共数据资产交易平台取得）、定价依据、数据应用场景、数据转让许可或限制和该数据资产对企业的影响风险等。第二，重大交易事项中涉及的数据资产，对该交易事项所产生的影响以及风险，重大交易事项包括但不限于企业的重组并购、经营活动、投融资活动、关联交易、资产置换等。第三，若存在数据资产失效的情况，披露该数据资产失效会对企业的影响及风险分析。第四，企业

---

① 闫邹先，尚秋芬. 数字资产表的定位与基本框架研究［C］. 新时代经济高质量发展下的会计创新——中国会计学会高等工科院校分会第25届年会（2018）论文集，2018.

② 普华永道.《数据资产化前瞻性研究白皮书》，2021.

认为有必要披露的数据资产相关信息。

3.3.3 数据资产负债表的基本框架

随着数字经济进程的不断推进，用户、基础业务、知识产权等数据资产在企业发展过程中发挥着越来越重要的作用，但传统的财报并没有涉及这些内容，对此，有学者提出，数字资产表的框架结构主要包括用户资产和业务数据。[①]

（1）用户数据资产

随着平台经济的发展，用户数据资产在商业银行的经营中发挥着越来越重要的作用，也受到越来越多的重视。其数据资产主要包括：用户生命周期与参与程度、用户性别、用户年龄、用户职业、用户偏好、用户地区和用户评价等因素，这些因素对商业银行的经营和决策会产生重大的影响，对其重要因素应该进行如下披露：

①用户数据资产基本情况

用户生命周期与参与程度：通过对用户的生命周期和用户参与的程度进行分析，以更加全面地评估用户在其生命周期里为企业贡献的价值。用户的参与程度能够体现出用户在商业银行购买相关产品、获得服务的生命周期中所包含的五个过程，即初次使用用户、留住并培养忠诚用户、提高用户的参与度、形成一个企业特有的用户圈到最终用户为企业贡献的价值。通过对这五个过程的用户行为进行分析测评，可以了解到用户是通过什么途径贡献价值的，在此基础上可以解决价值瓶颈所带来的挑战。

---

① 闫邹先，尚秋芬．数字资产表的定位与基本框架研究［C］．新时代经济高质量发展下的会计创新——中国会计学会高等工科院校分会第25届年会（2018）论文集，2018.

用户性别：通过对用户性别的分析，商业银行在制定经营策略上更加具有针对性。明确了用户的性别，可以使商业银行制定符合自己发展方向的战略。

用户偏好：通过分析用户的偏好可以为用户制订符合其使用习惯的方案，方便其甄选商业银行的产品，提升用户体验从而培养忠诚用户。

用户地区：通过对用户所在地区分布情况进行分析，可以较快速地全面地了解到不同地区用户的需求分布，为商业银行提供更好的市场选择，加大该地区的特定产品开发，减少因试探市场而花费的不必要的成本。例如，银行可以通过分析手机银行中用户所在地区使用状况，评估哪些地区用户使用银行更加频繁，可以增加分行的建设，评估哪些地区对银行的使用需求不大，可以适当地减少分行的建设，这样可以使资源利用最大化。

用户评价：通过分析用户对产品的评价，可以了解到商业银行产品的优势与不足，使银行对自己的认知更加客观，通过评价分析较快速地获取市场的需求方向，进而改进产品使其更加符合市场，加大竞争力，以此培养忠诚用户、吸引新用户，获取更多的产品评价，形成一个有机的循环。再进行用户偏好分析，可以直观地了解本商业银行的钩子产品。

②用户数据资产成本

开发成本：通过对用户数据资产的开发成本进行确认，能够更加准确地计算顾客资产的实际价值，在用户数据资产对企业的价值整体评估时能够更加具有借鉴性。

维系成本：通过对用户数据资产的维系成本进行确认，能够清晰地了解培养忠诚用户所需要的成本，在对比忠诚顾客与普通顾客为商业银行带来的利润时更加准确。

③顾客资产与利润的关系

通过对用户数据资产的增长率进行计算，再与往年的增长率进行对比，得出顾客资产变动趋势。与每年的利润进行对比，发现顾客资产与利润的关系；也应将忠诚顾客的增长率与利润进行对比，深度了解顾客资产为商业银行带来利润的结构。根据对比结果，为商业银行制定发展战略提供依据。

（2）业务数据资产

业务数据资产主要包括：产品数据资产和渠道数据资产，产品和渠道是直接影响商业银行经营的两个重要因素，是商业银行必须要重视的因素，对此可进行如下披露：

①产品数据资产

商业银行产品是商业银行经营管理的主体，是商业银行实现价值的载体。在互联网大数据飞速发展下，大量第三方科技公司、支付结算平台崛起，传统银行主动或被动地进行数字化转型，产品与服务越来越受到商业银行管理层的重视，如何进行产品和服务的创新进而吸引留住用户成为商业银行数字化转型的要点。数据资产负债表运用产品评估体系，分别从横向、纵向和发展三个方面对商业银行拥有的产品和服务进行评估，帮助商业银行更加具象、更加立体地了解其产品与服务的发展现状与未来发展走向。例如，对商业银行产品研发的力度、研发资金的投入和互联网技术人员的投入进行分析，预估商业银行未来数字化转型的成果和转型后的效益。

为了实现企业数字化转型的价值，需要对相关产品进行两个方面的分析：

产品研发：商业银行是否拥有自主强劲的产品研发能力是判断其是否拥有竞争力的核心要素之一。通过对其产品研发能力的分析，可以评估出商业银行是否拥有差异化的产品去抢占市场份额，商业银行是否通过其研发能力缩短了产品生产周期。经过对这两项的了解，商业银行管理层可以更加清晰地了解其产品优势、生产优势，为其做出更准确的产品生产策略提供信息支持。

营销手段：商业银行是否拥有高效的营销方式是判断其是否有能力抢占市场份额的标准之一。通过对商业银行营销方式进行分析，分析现有的营销方式是否有效，对其产品的宣传、出售是否发挥了最大效果，根据分析结果对商业银行未来营销战略的制定提供参考基础。

②渠道数据资产

商业银行依靠不同的渠道数据资产实现价值。在互联网企业快速崛起的现状下，传统商业银行不得不跟上潮流进行数字化转型以避免被淘汰的命运。为此，各商业银行开始拓宽渠道以达到跨渠道运营甚至是全渠道运营，而原有的多渠道运营已经逐渐被放弃。各个渠道之间相互融合相互辅助，形成交叉融合的方式，促成交叉渠道的形成。数据资产负债表通过对渠道所产生的效益和量级进行价值分析并制定策略，最后实现高效益和高量级的发展方式。应对以下两方面进行分析：

渠道量级：商业银行通过对其渠道量级的分析，可以认识到企业进行数字化转型的进程，并有效分析出渠道的发展状况、覆盖状况，也可以分析出商业银行还需增加哪一方面的渠道，进而增加渠道的数量从而增加渠道量级，使其相辅相成，更快实现全渠道运营。

渠道效益：商业银行通过对渠道的效益进行分析，能够有效分析出渠道的发展状况以及存在的问题。通过增加渠道的数量从而增加量级，增加渠道的质量从而增加效益。例如，商业银行设计应用哪个软件，而应用软件的稳定程度、安全程度、服务方便程度都会严重影响线上用户的用户感受，从而影响线上渠道的发展。

③业务数据成本

通过对拓宽渠道发生的成本进行确认，再与渠道效益进行对比，能够了解其成本与效益之间的关系，并分析渠道拓宽的投入与其效益的产出是否合算，进而考虑更加节约成本的拓宽渠道的方法，降低商业银行成本。

④业务数据资产与利润

分析业务数据资产与利润之间的关系，能够清晰地了解到商业银行产品是否符合市场的需求，以及产品的定价、质量和营销方式是否发挥了作用，为商业银行带来了更大的利润。如果产品数据与利润的关系不理想，则是某一方面出现了问题，商业银行应当及时做出调整。分析渠道数据资产与利润之间的关系，能够了解渠道是否拓宽了商业银行的经营渠道，为商业银行带来了更多的利益，也可以了解到商业银行是否还需要拓宽哪一方面的渠道增加量级进而增加效益。

3.4 │ 数据资产估值的机制设计

3.4.1 估值定价机制：一级市场估值，二级市场定价

借鉴当前传统资产的估值定价机制，数据资产估值定价机制也可以细分为一级市场和二级市场，一级市场用于估值，二级市场进行定价。[①]

---

① 朱磊. 第四张报表推动银行数字化转型［N］. 银行家，2018（2）：115–117.

（1）数据资产一级市场估值

数据资产一级市场的主要作用是对数据资产进行估值。通过专业的数据资产评估机构或先进的数字化评估系统，对相关市场主体的数据资产进行价值评估，同时根据数据治理方法，在保障数据资产安全的前提下，对数据资产的质量和安全性进行评估考核，从而有利于数据资产的二次处理。在估值主体上，结合当前对无形资产的估值方法，数据资产的估值仍旧需要依靠专业的评估机构进行人工评估。而随着数据资产的规模不断增加，对数据处理的时效性要求不断提升，未来其价值环节必将转向数字化、自动化和智能化的处理模式。在具体的估值内容方面，既要对数据资产的整体进行估值，也要根据数据资产的生产过程以及加工过程所投入的工作量进行一定的考量和侧重，特别是对于由多个资产单元合成的数据资产更是如此，这将与后续的数据资产生产成本分摊和利益分配挂钩，也是形成数据资产市场激励机制的基础。

数据资产在一级市场的所有权并不发生转移，少量的所有权转让必须在数据资产交易所或交易市场的严格监管下进行。一级市场的主要功能在于价值评估和标准审核，由于数据资产可复制性的特征，其复制转让的边际成本几乎为零，从而使其在使用权转让过程中容易滋生非法套利，对数据资产市场基础造成巨大破坏。此外，当前大部分数据资产都掌握在头部科技巨头公司手中，极易形成数据垄断，从而导致数据资产市场的萎缩，有悖于促进数据资产流通循环的初衷，并加剧数字经济时代大资本对社会财富的掠夺和贫富差距的扩大[①]。为了数据资产市场的良性循环和可持续发展，可以通过将定价环节集中于二级市场，从而促使数据资产有序流通。

---

① 杨农，刘绪光. 对网络平台垄断问题的认识 [J]. 中国金融，2021（18）：51-52.

（2）数据资产二级市场定价

经过一级市场的估值和上市条件标准化操作，数据资产可在二级市场流通交易，其流通交易的标的是数据资产的阶段性使用权。在二级市场的流通交易过程中，数据资产的市场价格将取决于供需均衡。基于套利交易的逻辑和拍卖竞价的原理，数据资产二级市场的流通交易机制将发挥价格发现的功能，从而使得二级市场的定价机制得以在这个环节实现。数据资产使用权购买者根据自身的数据需求在数据资产市场中寻求合适的资产标的，在把握心理价格预期和资产效用评估的基础上，依据数据资产的估值标价和市场竞争者的报价决定自身可以接受的价格水平，最终在市场交易匹配撮合机制下购买到所需数据资产的使用权。由于不同市场主体对同一数据资产的效用评估存在差异性，因此市场需求也在不断变化，数据资产的价格也处于动态调整的模式，这为数据资产估值提供了参考，在提高估值水平的同时也引导数据资产生产质量的改善。在数据资产二级市场的运行设施建设和定价机制设计的过程中，要充分考虑数据资产市场的数字化特征，积极采用数字化、智能化的技术和标准来打造可以适应未来大规模数据交易的系统。

数据资产二级市场交易可以采用使用权交易的模式。由于数据资产是一个价值创造的阶段性载体，拥有阶段性的使用权即可满足价值创造所需的要素投入要求。二级市场上市的数据资产处于持续的更新过程之中，同一数据资产的内容形态和价值含量在不断变化，购买瞬时形态的数据资产所有权的价值意义不大。而采用使用权交易模式，可以较大程度上避免所有权交易带来的潜在不稳定因素。

3.4.2 主体参与机制：金融机构、企业组织、政府部门

在数据资产估值定价机制构建过程中，需要集合各类市场主体力量，根据各类主体的组织特征、行为方式和市场优势，将其能量置于合理的体制结构和机制模块之中，充分利用市场主体在数据资产市场循环体系中形成的互动合力来推动数据资产估值定价在技术和系统等方面实现突破与优化。金融机构、企业和政府部门等市场主体，既是数据资产生产流通和利益分配的参与者，也是数据资产市场体制机制的建设者。[①]

（1）金融机构

以银行为代表的金融机构是建设数据资产估值定价体制机制的一大核心主体力量。第一，商业银行等金融机构在风险资产估值定价领域拥有成熟的技术并积累了丰富的经验，具有目前市场上较为完善和先进的估值定价体系，其在数据资产估值定价体制机制构建过程中具有无可比拟的先发优势和当仁不让的社会责任。第二，未来数字经济时代的核心资产就是数据资产，金融机构的业务重心将不可避免地转向数据资产服务领域，围绕数据资产的估值定价进行系统重构与业务创新，在数据资产估值定价方面的落后将导致金融机构面临经营危机甚至被市场淘汰，所以金融机构在数据资产估值定价技术研发和体制机制构建的参与上具有强大的动力和积极性。第三，银行等金融机构本身就是大规模数据资产的生产者，其所拥有的数据资产具有非常可观的市场价值，做好数据资产的估值定价工作与其经营目标直接挂钩。第四，受益于雄厚的资金实力和金融活动本身强大的数字基因，金融机构在数字化转型方面已经走在了市场前列，其数字化业务管理系统开发和应用取得了突破性进

---

① 朱磊. 第四张报表推动银行数字化转型［N］. 银行家，2018（2）：115-117.

展，在数据资产估值定价体制机制构建方面具有数字化的基础与能力。

（2）企业组织

企业可以分为两大类。一是头部企业，头部企业在数据资产市场的布局中处于市场领先地位，围绕数据资产估值定价也在技术开发、平台搭建、市场应用和生态打造等方面处于领先地位。因此未来可以将包括估值定价和数据交易等技术方案输出、提供数据资产管理服务等作为企业新的盈利增长点和核心竞争力。由于头部企业在数据资产估值定价的机制构建方面具有不可替代的支持作用，应在继续支持此类公司引领数据资产市场创新的同时，引导和要求其在技术手段、管理经验以及规范监管等方面作出应有的社会贡献。

二是中小企业。对中小于企业而言，其在数据资产市场中的技术实力和资产规模均处于劣势地位，但是其企业数量规模和对社会经济活动的渗透能力却不容忽视，可视为遍布经济社会机体的毛细血管，作为整体所创造的数据资产对数字经济至关重要，也是数据资产市场的活力源泉所在。在数据资产估值定价机制的构建过程中，企业的诉求和市场参与应当得到重视，其自身也应充分借助公共资源系统平台和产业链供应链生态参与数据资产交易，在丰富数据资产市场交易标的多样性和系统生态层次性的同时，也可以为数据资产估值定价机制提供更全面的实践基础。

（3）政府部门

在数据资产估值定价机制的构建过程中，政府部门应从市场长远利益和国家战略需求的角度出发，积极探索可以实现的数据资产估值定价机制的规划设计和建设路径，协调行业、企业、居民和专业智库等参与主体的建设，统筹技术手段、基础设施、管理机构、标准规程、监管执法等功能模块的有序构建。首先要加大数字化基础设施建设和基础技术研发的投入，通过在产业基础设施升级和数字化改造方面加大投入，促进5G、人工智能、大数据、云计算、物联网、区块链等基础技术创新和应用，推动数据资产一、二级市场以及交易市场的建设。其次是编制技术规程和应用标准，建设高效的数据资产估值定价体系。在高标准、高要求、高起点的基础上打造高效的数据资产估值定价体系，减少低效建设和无序发展造成的滞后与风险。再次是加快对公共数据资产估值定价并推动流通交易，培育初具规模的交易市场并试点一、二级市场机制。对于交通、司法、统计等公共数据资产，通过组织一、二级市场模式对其进行估值定价，有序推动其在交易所上市交易，形成规模的数据资产交易市场，为大面积的数据资产交易实践提供经验。最后是做好市场监管和公平维护工作。基于数据资产的初级分配和二次分配，应该注重向居民部门、小微企业和个体工商户等倾斜，维护多元化多层次多主体的数据资产市场生态体系。

3.4.3 技术保障机制：数字化估值技术

　　数据资产在其生产、分配、流通和消费的全循环链条中都需要数字化技术的支撑，作为其市场交易关键环节的估值定价系统，也必须要选择全面数字化的发展路径，从而与数据资产市场的未来发展趋势需求对接。数据资产生产的原料就是大量的数据集合，与传统意义上的有形资产和无形资产均有所不同，其使用价值和经济价值很难通过人工判断。同时，数据资产交易又具有海量高频的特点，人工评估在规模和时效性上难以满足其交易需求。对于数据资产需求方来说，数据挖掘分析与价值评估天然一体，分析挖掘出的信息是否满足企业需要决定了企业对标的数据资产的心理预期定价和最终可接受的底价，评估数据资产价值进而给出报价也需要数字化技术的支持。数字化技术在数据资产供需两个层面决定了其估值定价的多重因素，需要用数字化的思维和技术手段去构建数据资产估值定价体系。

在数据资产估值定价体制机制的数字化构建中，大数据是整个估值体系最底层的基础资源，云计算是数字化的基础设施，人工智能依托大数据和云计算的功能协作进行智能化分析与决策，区块链则为估值定价的基础架构和交易机制变革提供穿透式的底层技术，整个机制运行全程需要高效的计算分析能力和专业人员的算法规则作为支持。在估值定价的功能实现层面，区块链和人工智能的技术应用至关重要，区块链的分布式共享记账机制，具有去中心化、较难篡改、可追溯等特征，这与数据资产交易的机制需求高度契合，通过区块链的底层穿透，数据资产的生产、分配、流通、消费以及估值和定价全部在链上完成，为评估调查、交易流通、支付结算和监督管理等提供条件[①]。人工智能基于深度的机器学习和智能分析，将在数据处理、信息捕捉、风险识别等方面发挥巨大作用，并最终致力于对估值定价结果做出智能化的分析与呈现。

3.5 | 数据资产的交易流转

3.5.1 传统资产的交易和流转

在探讨数据资产交易和流转现状和方式之前，先对传统资产的交易

---

① 李礼辉，肖翔，刘绪光等. 区块链技术在金融领域应用调查研究［J］. 清华金融评论，2019（11）：95–99.

和现状进行描述和梳理。这里的传统资产指的是除数据资产以外的其他资产，如黄金、股票、大宗商品等。

（1）黄金

黄金种类有实物黄金、纸黄金等，珍贵且具有稀缺性，具有投资价值。

黄金交易市场是集中进行黄金买卖的场所，黄金交易市场一般在各个国家的国际金融中心，是国际金融市场的重要组成部分。可根据性质、作用、交易类型和交易方式、交易管制程度和交割形式等作不同的分类，如主导性市场和地区性市场（市场作用）、现货交易市场和期货交易市场（市场管制程度）、自由交易市场和限制交易市场（市场交易方式）等。世界上形成了七大黄金交易中心，我国黄金交易市场有香港金银业贸易场、上海黄金交易所、天津贵金属交易所。

黄金交易的方式有期货交易和现货交易。现货交易一般指实物交易，如直接去银行购买实物黄金。黄金期货交易要开户并在期货市场交易，采用保证金制度，实行当日无负债结算制度，收盘时准备金小于最低余额必须补足，否则将强制平仓。

交易模式有欧式黄金、美式黄金、亚式黄金。欧式黄金市场没有固定场所，通过电话、电传等交易，美式黄金市场建立在期货市场基础上，亚式黄金一般有专门交易场所，在该交易所中现货交易和期货交易是同时进行的，如香港金银业贸易场以及新加坡黄金交易所。

黄金交易时间为24小时可以在世界各地不断交易，因为黄金交易市场是一个全球性市场，节假日休市。以伦敦为起点，接下来开盘的是纽约和芝加哥等，下午伦敦确定价格之后，仍有地区还在交易，如纽约等，此时香港才开始交易。纽约的早市价格会受到伦敦尾市价格的影响，接着香港的开市价格又会受到纽约尾市价格的影响，最终香港的尾市和纽约市场的收盘价又会影响伦敦市场的开市价，循环往复。

黄金交易具有三个功能。一是价格发现，如黄金期货交易，因为黄金期货的价格作为黄金现货价格的未来体现，该交易具有价格发现功能。二是套期保值，未来的金价是不确定的，这种变动的不确定性会导致市场风险，为规避该风险，采用将风险或收益锁定在当前值的市场操作，该功能可以在期货、现货保证金交易中得以实现。三是投机获利，因为保证金交易具有较高的杠杆特点，在黄金交易中利用保证金交易，可以作为投资者的投机获利工具。

（2）股票

持有股票符合会计学定义的资产属于金融资产。

股份公司在一级市场发行股票筹集资金，直接或通过中介机构向投资者出售新股。发行前，公司与代理发行证券商签订代理发行合同，确定发行方式和责任，有包销和代销。

股票在二级市场流通，投资者买卖已发行股票，二级市场为股票持有者提供变现能力。交易形式有场内交易和场外交易。场内交易的主要过程有：首先投资者在经纪人公司开设账户；投资者向经纪人公司下达买卖股票指令，该公司将指令迅速传递给经纪人；经纪人接到时迅速执行；买卖股票成交后，买主和卖主交割现金或股票，交割手续或在成交后进行，或在一定时间内（如几天至几十天完成）通过清算公司办理；交割完毕后，新股东到股票的发行公司办理过户手续。场外交易没有固定的集中场所，分散各地，无法实行公开竞价，价格通过商议达成，受管制少，灵活方便。

股票交易市场包括主板市场、中小企业板、创业板、新三板、科创板等。其中科创板在上海证券交易所设立，独立于现有主板市场新设板块，实施注册制试点，为提升服务科技创新企业能力、增强市场包容性、强化市场功能，主要服务于符合国家战略、突破关键核心技术的科技创新企业。

股票交易方式是股票流通交易的主要环节，主要分为三类。一是议价买卖和竞价买卖，是根据买卖双方决定价格的方式不同。议价买卖指买卖双方是一对一的以及讨价还价达成买卖协议，是交易所中的主要方式；竞价买卖的交易存在各种竞争，如在买卖双方的出价和要价的竞争，以及买者群体和卖者群体内部之间的激烈竞争，最后成交的是卖方要价最低者和买方出价最高者，是交易所买卖股票的主要方式。二是直接交易和间接交易，是根据交易方式不同。直接交易是买卖双方直接洽谈、自行清算交割，不涉及中介；间接交易是委托中介人进行股票买卖，如证券交易所的经纪人制度。三是按交割期限不同，分为现货交易和期货交易。

沪深股票市场股票交易时间为周一至周五，上午9点半至11点半，下午13点至15点，其中9点15分至9点25分为集合竞价，9点25分至11点半为前市连续竞价，13点至15点为后市连续竞价，其中14点57分至15点为收盘集合竞价。股票交易要收取佣金（手续费），佣金由证券商自定，没有最低限制，最高限制为成交金额的0.3%，一般为成交金额的0.05%，最低按5元收取，缴纳印花税为成交金额的千分之一。2015年8月1日起，买卖沪深股票按成交金额的0.02%收取过户费。股票交易存在交易费用是金融中介存在的一个原因，金融中介利用规模经济等优势降低交易成本。

股票的推出对于公司和投资者而言都有一定作用。对公司来说，发行股票能提高公司信誉，无固定到期日，不用偿还，无固定利息负担，筹资风险小。对投资者来说，进行股票交易或投资股票，投资收益高且上市公司股票流动性较强，还能降低购买力损失，一定程度上达到控制股份公司的目的，但也有如风险大等缺点。

（3）大宗商品

大宗商品主要分为三个类目，即能源商品、基础原材料和农副产品。大宗商品流通平台发展速度快，根据国家统计局的统计数据，截至2017年底，我国有400多家大宗商品流通交易平台，年交易总额超过12万亿元，数据显示，交易平台的种类丰富多样，覆盖农副产品、化工、煤炭、钢铁等多个行业，具体的交易品种达到数千种。

大宗商品交易有期货、现货和电子交易方式。大宗商品可以叠加金融工具如期货期权来进行交易，更好地实现价格发现和规避价格风险功能。大宗商品大多是工业基础的原材料，处在最上游，期货及现货价格变动反映其供需状况，会直接影响整个经济体系。投资相关行业的投资者需密切关注大宗商品的供求和价格变动。

随着互联网电子商务的普及，大宗商品电子交易快速发展，并作为互联网电子商务的一个重要组成部分。大宗商品电子交易的交易双方可以跨时空、跨地域进行交易，降低了交易成本、提高了交易效率。大宗商品电子交易中心结合有形市场和无形市场，即期现货交易包括网上拍卖和网上配对，中远期包括合同订货交易。电子交易可采取的制度包括每日无负债结算、保证金、T+0以及双向交易机制等。建立电子交易中心的目的是为大宗原料商品提供流通服务，最终成为行业的信息交流中心、物流配送中心和结算中心等。

交易所采用创新的现货连续交易方式，交易商可以通过电子交易系统，选择分期付款的方式进行现货合同交易，并可自主选择适当的交割日期。这样的交易方式的优势在于公开、透明、方便、快捷，真正形成每日现货价格，满足多种交易需求如投资需求、保值需求、实物交割需求等。用T+0、20%保证金交易方式，提高资金利用效率，可做多也可做空，实现双向交易，电子交易服务24小时覆盖全球主要金融市场，有利于投资者有效规避跨市场价格剧烈波动的风险。

但不可否认的是，电子商务活动中有制约大宗商品流通的瓶颈因素：对大宗商品流通的监管不到位；大宗商品的平台交易流程不健全；物流运输渠道不完善；支付服务体系安全性需要加强等。有学者对大宗商品电子商务流通模式进行了研究，做出了创新设计，使大宗商品流通模式得到改良完善以及突破，新设计的大宗商品购销平台创新了监督管理、交易、物流和支付方式等，使在电子商务下的大宗商品交易受限的问题得到解决。

3.5.2 数据资产交易：中国实践

（1）贵阳大数据交易所

贵阳大数据交易所内设数据商用部、数据交易管理部、数据安全保障部、数据交易研究部、会员服务部、战略发展部、品牌部等部门，通过自主开发的电子交易系统，面向全球提供全天24小时无间断的数据服务，并形成了包含数据资产确权、定价、交易流转、登记结算、配送交付、安全保障与数据资产管理等全方位多层次的综合服务体系。

①交易资格与相关规定

贵阳大数据交易所实行会员制，申请单位在经营范围、运营资金、承担风险和责任的资格及能力、组织机构、人员素质等方面应符合交易所的规定，经审核批准方可成为交易所会员，成为会员即可拥有数据交易资格。会员分为两类：数据供应方和数据需求方。

交易前需要双方签订数据保密协议、商业合同等文件，以保护数据资产。企业查询涉及个人隐私数据时，需要提供授权文件和溯源编号。

交易所对数据供应商的数据来源及质量进行严格监控与管理，禁止不合规不合法的数据上市交易，重要数据资产需要数据供应商提供数据生产企业的授权背书。同时，交易所严格执行《中华人民共和国网络安全法》等相关法律法规，对从事数据造假、数据欺诈等违规行为，与违法获取数据资产的供应商设定三种处罚措施：取消会员资格、列入交易所黑名单、移交相关机关处理。

②交易流程

首先数据买卖双方要申请入会，并提交相关材料，经交易所审核批准后，签署《会员合作协议》《保密协议》等协议，成为会员。会员可根据需求进行充值。

对于数据供应方，签署《数据源接入协议》，确定数据范围、格式、定价，同时签署《API信息描述》协议等。然后提供数据，进行上线测试，审核通过者方可进行技术对接与处理，并成为数据商品。

对于数据需求方，需填写《数据需求记录表》，通过"线上+线下"的方式进行数据的匹配。

交易所通过eID身份确权、认证，根据数据供需双方的要求进行撮合交易，综合运用区块链技术、数据安全技术、数据水印技术确保数据交易的安全与顺利进行。条件满足后，可生成交易订单，进行数据配送，之后进行数据结算，获取数据确权证书，并提供售后服务。

③交易细则

a.交易确权

数据买卖双方要明确数据所有权，并且保证数据合法可信，不被滥用。数据确权时，为数据打码加印，通过抽取水印信息的方式，进行数据所有权判定。根据数据存放区块位置、存放时间、系统密钥等信息自动生成商品确权编码，数据商品和确权编码绑定，交易信息存储在区块链上，用于追溯数据交易信息。

b. 交易内容

买方在交易所购买的数据融合了众多数据卖方的数据源，进行交易的数据产品并不是原始数据，而是经过清洗并建模分析后的数据结果。平台接入了二百多家优质数据源，经过脱敏脱密，可交易的数据总量超150 PB，交易品种超过4000种，涵盖三十多个领域，如金融大数据、医疗大数据、政府大数据、消费大数据等。

c. 交易时间

全年365天，7×24小时不休市。

d. 交易方式

交易方式主要有三种，分别是API数据接口、数据终端和在线交易。交易所自主研发了大数据交易系统，包括底层数据、模型算法、可视化组件、应用平台、交易安全、工具模块、数据管理和云资源八大类，数据买卖双方可以根据自身需求通过该交易系统自主选择交易方式。

e. 交易安全

数据交易时，通过加密算法，保障数据安全；数据访问时，通过访问授权，确保数据合法访问；通过对传输中的数据进行加密，有效防范数据安全隐患。

f. 交易监管

建立权威的数据认证机制，严格的交易数据监管体系，规避对用户利益、市场秩序和应用安全等可能构成的风险。

（2）上海数据交易中心

上海数据交易中心采用了"技术+规则"的双重架构模式，并创新性地融合了领先的IKVLTP（即主体标识、维度主键、标签赋值、供应限度、时间约束、价格约束）六要素技术，通过配以自主研发的虚拟标识、二次加密以及数据配送等技术，在严密的制度规则条件下，为各种场景下的数据流转交易提供了较为可靠的安全保障，促进了数据资产的聚合流动。

数据互联（交易）服务平台专注服务于不同场景下的多元化产业需求，并自主开发了包括会员注册、信息审核、数据脱敏、自主挂牌、身份识别、清算结算等系统功能，完善的交易流程体系为数据产品的高效有序流转提供了有力保证。

①平台相关规定

平台数据是指数据互联服务平台产生的所有数据（不含互联数据本身），包括市场行情、日志及统计数据、业务文件、公告、通知等以及能够直接或间接传达全部或者部分前述数据的任何形式的描述。

运营方对上述数据享有完全的、排他的支配权，可发布、利用、转让。未经许可，任何机构和个人不得使用和传播。对未经运营方授权，擅自传播和使用平台数据的组织机构和个人，运营方将通过法律途径追究其责任。

数据互联（交易）系统仅为数据供需双方提供数据交易平台，不对平台内交易的任何数据产品进行存储，不传输泄露任何私人信息，同时也不支持数据需求方的不合理数据请求，并坚决抵制数据使用方在非授权条件下的数据留存行为。在平台内完善的相关治理体系下，使得数据流通的安全与效率以及隐私问题得到了稳固坚实的保障。

②交易产品设计

在交易产品设计方面，上海数据交易中心主要创设了营销与征信两部分应用模块，同时基于这两大应用场景模块，分别对数据产品进行挂牌。在营销应用模块，主要涵盖了人口、学历等结构化基础信息，消费者浏览偏好、电商偏好以及应用偏好等多种列表信息等数据单品。同时，平台在汽车、母婴以及金融等行业的数据单品在营销应用模块中也有涉及，并不断横向拓展。在征信应用模块，该平台系统以身份要素验证作为主体数据单品，目前数据交易系统基本支持三要素（身份证、姓名、手机）、四要素（三要素+银行卡）验证，五要素以及更高维度的身份要素验证正在加速布局与扩展过程中。

③数据互联（交易）流程

数据交易流程大致可分为四个阶段：开户联调，对接服务，数据配送，财务清算。

a. 开户联调

获取成员账户是数据互联交易的首要条件。通过填写成员申请表，提交相关材料，并经审核通过后方可获得成员账户。成员账户是成员进行数据互联的身份标志，成员使用成员账户和密码，根据权限自主在互联服务平台完成数据互联相关操作及信息的管理，成员对本方操作与信息的真实性、准确性、有效性、及时性自行承担责任。

b. 对接服务

在产品服务对接过程中，数据供给方要根据自身数据产品特征，并相应地选择平台标签库中可提供的标签产品，随后添加IKVLTP六种要素属性的简要描述，并参考平台发布的市场行情自主设定并调整本方价格及相关数据互联要素中的价格影响因素，组合成标准化的平台挂牌产品。类似淘宝交易，随后数据需求方（消费者）可以根据自身需求在数据交易平台内查询浏览并收藏相关的数据产品，购买时系统会针对数据产品自动生成订单购买请求，并提交给数据供给方，通过数据供给方与需求方进行双向选择后，生成商品支付订单。

c. 数据配送

交易订单生成后，平台系统将依据数据产品供给与需求双方所确认的交易内容，自动生成相应的配置文件并将其部署到产品交易双方的专属服务器——数据配送前置机，而后即可根据订单需求通过数据配送前置机所构成的子系统为交易双方提供数据产品配送。数据互联服务平台将对数据互联的过程在系统中进行记录，并对相关数据互联要素生成"数据互联业务日志"。"数据互联业务日志"是资金结算、成员纠纷、监督处置等的有效依据。

d. 财务清算

系统会自动记录所有数据互联（交易）的过程，并在交易结束后生成交易结算单，为了保证交易记录的完整性与真实性，平台会在后续的结算清算环节中，向各成员定期发送结算清算结果。

④互联（交易）对象标准体系

在遵循数据互联基本原则的条件下，为实现交易所成员间高效、安全的数据互联，成员应当遵照相关标准体系对本方数据或数据需求进行标准化处理与描述。

该标准体系针对数据集互联对象，通过对六要素标准的制定，实现标识、标签、约束的标准化，以切实保护个人数据权益，有效降低数据互联合规风险，六要素说明详见表1。

表 1　互联（交易）对象标准要素

	名称	描述	要求
标识	主体标识	数据集互联对象的唯一标识，简称ID，是供需双方进行数据互联的唯一载体。	1. 为确保原始ID的安全性，须对供需双方本地的原始ID进行加密，由运营方提供算法模块生成exID。 2. 供需双方以exID为主键进行碰撞，基于碰撞结果进行数据互联。
标签	标签维度	数据集互联对象标签维度的定义，简称Key。	1. 主体标识不得作为标签维度、标签赋值的内容和赋值。 2. 不得发布与传播含有禁止清单的内容。 3. 供应方提供的标签应满足标签维度和标签赋值的标准化要求。 4. 标签所指向的个体数不得小于1000。
	标签赋值	数据集互联对象标签维度的赋值，简称Value。	
约束	一般约束	数据集互联对象的一般约束性定义，简称Limit。	供需双方需对互联对象使用目的、范围、方式、期限、价格等内容进行明确界定。
	时间约束	数据集互联对象的时间约束性定义，简称Time。	
	价格约束	数据集互联对象的价格约束性定义，简称Price。	

资料来源：作者根据官网资料整理。

⑤数据互联接入标准体系

交易所成员在进行数据互联时，应遵循以下数据互联接入标准体系。

a. 平台接入标准

成员通过各自的数据仓库或数据管理平台（DMP）（以下统称为"数据仓库"）和互联接口服务器实现成员间的数据互联，即数据仓库实现成员互联数据的存储或使用、数据互联请求的发送或接收，互联接口服务器实现成员间互联数据的传输和配送。

互联接口服务器由成员自备，由运营方统一部署数据配送模块，并与成员的数据仓库打通数据接口，即可通过接口发送或接收数据互联请求（数据互联请求标识、标签、约束），可通过接口将结果同步至成员的数据仓库。

数据配送模块向成员提供三种部署方案可选：

第一，运营方提供数据互联客户端，由成员直接部署；

第二，运营方提供数据互联客户端源代码，通过成员安全审核后由成员负责编译部署；

第三，运营方提供接口标准格式和要求，由需求方自行开发后进行对接。

b. exID转译接入标准

成员间的数据互联以运营方统一生成颁发的exID作为唯一主体标识。成员数据仓库要求部署由运营方提供的exID转译生成模块，该模块将成员原始ID转译成exID，其中需求方原始ID实时按需转译生成exID的，供应方原始ID离线全量转译生成exID。

exID转译模块向成员提供三种部署方案可选：

第一，运营方提供exID生成编译程序，由成员直接部署调用；

第二，运营方提供生成exID算法的源码，通过成员安全审核后由成员编译部署调用；

第三，运营方提供接口标准格式和要求，由成员自行开发后进行对接。

c. 数据传输以及接口协议标准

第一，所有请求均使用http(s)协议请求；

第二，单次请求数据交换格式为Protobuf。

3.5.3 数据资产交易流转方式展望

如上述分析，对于传统资产商品的流转交易，市场中充满了大量的买方与卖方，交易量巨大，交易双方根据自身偏好与需求对不同商品进行供需选择，在每个市场中由供需定理所决定的均衡状态引导了市场价格形成并进一步决定了市场资源配置。而对于数据资产，在更多情况下，数据需求者和供给者并不能通过一个有效市场体现出来，这导致交易并不频繁，整个数据资产的交易更多是点对点的方式。数据资产交易市场的流动性缺陷、交易成本与信息不对称问题使得数据交易效率低下。对于以上所提到的数据资产市场失灵现象，促使数据供求双方及时准确地进行信息的披露是一个较好的解决办法，通过增加市场透明度来缓解信息不对称，降低交易成本，提供市场流动性，有利于充分发挥价格机制的优越性，让价格工具更有效，市场流通更高效。

基于此，就需要知道数据供给方的保留价格以及数据需求方的支付意愿。供需双方的保留价格，使得数据资产市场上的交易主体之间具有了交易可能性，继而交易双方可以进行更高效明确的交易谈判。我们分别考虑两种情况：如果数据的潜在买家比较多，由于数据资产的非排他性特征，以数据卖方的最低意愿提供价格设置为交易价格是一种福利较大的理想选择[①]。此种情形下，凡是保留价格高于数据供给方给出价格的数据买方用户，是都能够获取数据产品的，此外，对于一些潜在产品需求，也可以因此得到满足。但需要考虑数据的潜在交易对象较少的情况，此时通过上述方式就不再合适。而通过拍卖制度，数据需求方可以更好地通过对手的出价信息来认识数据的价值，数据资产也可以发挥其最大价值。

总体来说，在数据资产交易过程中，应该根据数据市场交易双方的不同状况来设计相应的交易模式。若市场上拥有充分多的数据买卖双

---

① 熊巧琴，汤珂. 数据要素的界权、交易和定价研究进展［J］. 经济学动态，2021（2）：143-158.

方，流动性较为充裕，便可以把市场价格的决定权放还给市场，均衡决定价格，实现高效交易；而如果供求双方力量对比较为悬殊，或双方数量都较少，容易造成单方垄断或双边垄断情况进而阻碍交易有效进行的情况，则应由平台鼓励数据卖方主动披露其最低价格提供意愿，随后结合数据产品的特有属性，设计出一套较为合理的数据产品交易机制来促使交易发生，提高效率。通过以上不同情形下的交易设计，数据资产的价值便可以被充分发掘，数据资源同样可以得到更有效的配置。[①]

---

① 史宇航. 数据交易法律问题研究［D］. 上海交通大学，2017.

治理篇

04

金融数据资产

账户、估值与治理

数据资产治理：数智化的激励约束与价值实现

　　金融机构数据治理的主要目标是提升数据资产质量，聚焦如何让数据更好地服务业务，持续合规地释放出最大价值。当前，以商业银行为代表的金融机构正逐步将数据资产治理工作提升至战略高度，改变数据资产治理的落后方式和理念，持续改进治理效能，对于金融机构高质量发展意义重大。未来，随着商业银行、保险机构等金融机构数字化转型纵深发展，数据治理工作涉及范围广、投入成本高、持续周期长、成效显现慢等现实问题会愈发突出，金融机构在数据质量、数据标准、数据安全、数据资产价值实现等诸多方面的改革和探索任重道远。良好的数据治理架构，需要从战略及规划、组织及职责、文化及意义、预算及投资四个方面进行搭建，同时要融合主数据管理、元数据管理、数据模型管理、数据质量管理等配套模块，形成数据治理闭环。

　　随着金融机构数字化转型进程不断推进，数据治理能力正在成为一个关键变量。数据资产治理有助于增强金融机构最小化决策成本和风险，特别在数字经济中，数据资产治理比以往任何时候都显得更为重要。为此需要明确如何搭建数据资产治理的架构。在此基础上，稳步提升提升数据资产质量，包括数据资产质量管理的标准、架构、系统以及检测。本篇通过对我国国有商业银行、股份制商业银行、城市商业银行、农村商业银行以及互联网银行数据治理经典案例的比较分析，探索数据资产治理的数智化激励约束机制与价值实现模式。

4.1 │ 数据资产治理的目标

4.1.1 政策促合规

金融机构通过开展数据资产治理有关工作，可以主动贯彻落实《中华人民共和国网络安全法》《中华人民共和国数据安全法》《中华人民共和国个人信息保护法》规定的数据资产的应用合规性，建立符合监管要求的数据标准、政策制度和系统流程，进而优化数据资产治理各环节，及时发现不足和问题风险，循序渐进地优化改进，最终提升中国金融机构整体数据质量及合规应用水平。

4.1.2 经济提质效

良好的数据资产治理实践，有助于金融机构提升决策效率、缩减运营成本、降低经营风险和提高安全合规水平，合力促进金融机构提升业务价值。[①]仅以运营管理工作为例，高质量的数据资产有助于减少关键业务流程中的重复性工作、人员密集型工作、易于出错的工作流程等，最终实现降本增效。

4.1.3 发展明需求

当前，将金融机构数据资产治理工作提升至战略高度，改变以往数据资产治理工作中的落后方式和理念，持续改进治理机制和系统工具，

---

① 苏如飞. 商业银行网络安全合规风险管理的提升路径与对策建议——以英国金融行为管理局对乐购银行处罚案为鉴［J］. 南方金融，2019（4）：83-90.

对于金融机构的长远健康发展意义重大。一是数据资产治理提高金融机构分析决策能力，提升对外生态合作的安全程度和效率，增强服务能力。二是促进更深层次的对外交流合作，促进实践创新与理论创新相结合。三是助力金融数据综合应用试点工作拓宽广度和发展深度，提升数据资产的应用价值。[①]

4.2 │ 数据资产治理架构

4.2.1 战略及规划

（1）数据资产治理战略

以商业银行为例，《银行业金融机构数据治理指引》提出，商业银行应当结合自身发展战略、监管要求等，制定数据战略并确保有效执行和修订。[②]

商业银行制定数据资产治理战略，一般可以分为以下几个步骤：

第一，制定目标。商业银行应当结合自身发展战略，根据实际情况来制定符合组织现状，并且适用于组织的数据资产治理战略目标，为组织能够顺利开展数据资产治理工作奠定良好的基础。

第二，内外部环境与资源分析。鉴于行业的特殊性，商业银行应当对组织的内外部环境进行分析，判断外部环境中各种关于数据资产治理

---

① 中国人民银行，《关于开展金融数据综合应用试点工作的通知》，2021年5月。
② 中国银保监会，《银行业金融机构数据治理指引》，2018年5月。

的监管要求对自身存在的影响，同时也要审视组织内部已有的政策和制度对于数据资产治理工作的支持程度。

第三，制订战略计划。商业银行应当根据部门的独特性，着重考虑资源和资金分配的实际情况对战略计划进行细化，并且通过制定数据资产治理方针来进一步落实数据资产治理工作。

第四，制定战略实施措施。商业银行应当根据数据资产治理战略计划制定具体的数据资产治理战略落实措施，并且要求组织各部门按照落实措施进行贯彻执行。

第五，制定考核和更新制度。商业银行应当建立对数据资产治理战略落实情况的定期考核制度，以推动数据资产治理战略的贯彻执行，并且需要通过对数据资产治理战略的执行情况进行定期评审，来判断数据资产治理战略是否需要进行相应的更新。

（2）数据资产治理制度

商业银行应当遵循《银行业金融机构数据治理指引》，结合本行的实际情况，制定组织管理、部门职责、协调机制、安全管控、系统保障、监督检查和数据质量控制等方面的数据管理制度，并建立持续更新的评价管理制度。

当组织、业务、法律或环境等因素变更时，应予以相应的修订，以保证本行的数据资产治理方针是最新状态，并确保数据资产治理方针得到有效执行。

4.2.2 组织及职责

商业银行中的董事会、监事会、高级管理层、首席数据官、归口管理部门、业务部门应当遵循《银行业金融机构数据治理指引》，建立数字化战略委员会或领导小组，明确专职或牵头部门，开展整体架构和机制设计，建立健全数字化转型管理评估和考核体系，培育良好的数字文化，确保各业务条线协同推进转型工作[①]，处理数据资产治理相关事务。

（1）董事会

商业银行董事会应当制定数据战略，审批或授权审批与数据资产治理相关的重大事项，督促高级管理层提升数据资产治理有效性，对数据资产治理承担最终责任。

（2）监事会

商业银行监事会负责对董事会和高级管理层在数据资产治理方面的履职尽责情况进行监督评价。

（3）高级管理层

商业银行高级管理层负责建立数据资产治理体系，确保数据资产治理资源配置，制定和实施问责和激励机制，建立数据质量控制机制，组织评估数据资产治理有效性和执行情况，并定期向董事会报告。

（4）首席数据官

商业银行应当设立首席数据官，首席数据官是否纳入高级管理人员由商业银行根据经营状况确定，纳入高级管理人员管理的，应当符合相关行政许可事项的要求。

（5）归口管理部门

商业银行应当设立归口管理部门，确定并授权归口管理部门牵头负责实施数据资产治理体系建设，协调落实数据管理运行机制，组织推动数据在经营管理流程中发挥作用，负责监管数据相关工作，设置监管数据相关工作专职岗位。商业银行应当在数据资产治理归口管理部门设立

[①] 中国银保监会，《关于银行业保险业数字化转型的指导意见》. http://www.gov.cn/xinwen/2022-01/27/content_5670682.htm, 2022-01-27.

满足工作需要的专职岗位，并在其他相关业务部门设置专职或兼职岗位。

（6）业务部门

商业银行业务部门应当负责本业务领域的数据资产治理，管理业务条线数据源，确保准确记录和及时维护，落实数据质量控制机制，执行监管数据相关工作要求，加强数据应用，实现数据价值。

4.2.3　文化及意义

（1）数据资产治理培训

商业银行结合本行的实际情况，依据现有的管理和文化体系，建立一支在专业技能上能够满足数据资产治理需要的队伍，并且对相关人员进行最低不少于每年一次的系统培训，对团队成员科学规划其职业成长通道，并将其薪酬水平设定在合理范围内。

（2）数据文化培养

商业银行应当结合本行的实际情况，在行内建立一个良好的数据文化氛围，树立数据是重要资产的理念以及数据客观真实的准则，引导员工形成良好的取数、用数意识。

4.2.4　预算及投资

（1）数据资产治理投入

商业银行应当完善数据资产治理的管理制度，抓好数据资产治理工作的落实。结合实际，健全完善各项规章制度并强化落实，建立数据资产治理责任制，明确负责信息安全工作的专门机构，并保障数据资产治理资金及相关人员的投入。

（2）成本效益评估

商业银行应当做好成本效益评估，通过计算数据资产治理的实施成本以及数据资产治理后产生的实际效益，将两者进行比对并选择适合自身的数据资产治理方法。成本效益评估可以采用以下几个步骤：

第一，明确数据资产治理成本效益评估的目的，制订数据资产治理成本效益评估的计划。第二，保存数据资产治理成本效益评估的信息，以此做到全面掌握情况。第三，进行数据资产治理成本效益定量分析，建立数据资产治理成本效益的评估模型。第四，进行数据资产治理成本效益定性分析，抓住数据资产治理成本效益的关键因素。第五，对数据资产治理成本进行效益评估和综合评价并提出改进建议。

4.3 ｜ 数据资产质量管理

4.3.1 数据资产质量管理标准

（1）数据标准化规划

数据标准是数据管理的基础性工作，也是数据管理建设中的首要环节，商业银行应基于业务规范和技术标准，在符合国家政策和监管要求规定的前提下进行数据标准化的规划，并贯彻和有效地执行。

一是数据标准统一规划，以数据资产管理需求为导向，结合数据标准规范指导内容，构建适应数据平台的数据标准体系，并制订数据标准实施方案。二是建立数据标准管理的支撑体系，包括数据标准管理组织架构、数据标准管理办法和制度流程，以及数据标准管理支撑工具[1]。三

---

[1] Benfeldt O, Persson J S, Madsen S. Data governance as a collective action problem [J]. Information Systems Frontiers，2020, 22 (2): 299–313.

是注意数据平台中数据业务口径和技术口径有效协同统一问题，要满足数据平台的平台化、产品化和数据资产运营的需求，同时，需支持数据平台的数据接口标准化定义，满足原有数据可逐步进行数据标准规范的迁移和统一。

（2）数据安全策略与标准的建立

数据安全标准应包括基础共性、关键技术、安全管理三个方面的内容。基础共性标准包括术语定义、数据安全框架、数据分类分级，相关标准为各类标准提供基础性支撑。关键技术标准从数据采集、传输、存储、处理、交换、销毁等数据全生命周期维度对数据安全关键技术进行规范。安全管理标准从网络数据安全保护的管理视角出发，指导行业有效落实法律法规关于网络数据安全管理的要求，包括数据安全规范、数据安全评估、监测预警与处置、应急响应与灾难备份、安全能力认证等。

（3）数据分级分类标准

数据分级分类标准包括以下层面。一是数据梳理，在整体维度上，基于不同系统、基础设施保存和使用的信息进行收集和梳理；二是数据识别，对梳理和收集的信息进行统计和识别；三是数据分类，基于识别的信息，按照业务使用类型和敏感程度进行数据的分类；四是数据分类控制，根据数据的价值、内容的敏感程度、影响及发放范围不同划分为"敏感""内部""公开"三个等级，并制定不同的安全控制措施。2020年9月23日，人民银行发布《金融数据安全　数据安全分级指南》（JR/T 0197—2020，以下简称《指南》）金融行业标准。《指南》给出了金融数据安全分级的目标、原则和范围，明确了数据安全定级的要素、规则和定级过程，同时明确标准适用于金融业机构开展数据安全分级工作，以及第三方评估机构等参考开展数据安全检查与评估工作。按照《指南》，目前金融行业的数据安全分级为五级[①]，个人金融信息相关数据则参照《个人金融信息保护技术规范》（JR/T 0171—2020）分为C1、C2、C3三个类别。

4.3.2 数据资产质量管理架构

（1）主数据

主数据（Master Data）是指用来描述核心业务实体的数据，是核心业务对象和交易业务的执行主体，是在整个价值链上被重复、共享应用于多个业务流程的、跨越各个业务部门和系统的、高价值的基础数据，是各业务应用和各系统之间进行数据交互的基础。从业务角度，主数据是相对"固定"的，变化缓慢，是银行信息系统的神经中枢，是业务运行和决策分析的基础。

主数据管理（Master Data Management，MDM）是一系列规则、应用和技术，用于协调和管理与银行的核心业务实体相关的系统记录数据。主数据管理的关键活动包括：理解主数据的整合需求；识别主数据的来源、定义和维护数据整合架构；实施主数据解决方案、定义和维护数据匹配规则；根据业务规则和数据质量标准对收集到的主数据进行加工清理；建立主数据创建、变更的流程审批机制；实现各个关联系统与主数据存储库数据同步，方便修改、监控、更新关联系统主数据变化。

主数据管理通过对主数据值进行控制，使得商业银行可以跨系统地使用一致的和共享的主数据，提供来自权威数据源的协调一致的高质量主数据，降低成本和复杂度，从而支撑跨部门、跨系统数据融合应用。

---

① 中国人民银行，《金融数据安全 数据安全分级指南》，2020年。

可通过数据整合工具（如ETL）或专门的主数据管理工具来实施主数据管理，需具有主数据存储、整合、清洗、监管以及分发五大功能。简单来说，存储、整合是数据的"入口"，分发为数据的"出口"，而中间的清洗与监管将担负起数据质量提升的重要任务。

（2）元数据

元数据（Metadata）是描述数据的数据。元数据按用途不同分为技术元数据、业务元数据和管理元数据。元数据管理的关键活动包括：理解商业银行元数据管理需求；开发维护元数据标准；建设元数据管理工具；创建、采集、整合元数据；管理元数据存储库；分发和使用元数据；元数据分析。

元数据管理内容描述了数据在使用流程中的信息，通过血缘分析可以实现关键信息的追踪和记录，影响分析帮助了解分析对象的下游数据信息，逐渐成为数据资产管理发展的关键驱动力。

（3）数据模型

数据模型体系设计：在信息系统设计时，参考业务模型，使用标准化用语、单词等数据要素来设计商业银行数据模型，并在信息系统建设和运行维护过程中，严格按照数据模型管理制度，审核和管理新建数据模型。

数据模型建立要求：包括对数据模型的设计、数据模型和数据标准词典的同步、数据模型审核发布、数据模型差异对比、版本管理等。关键活动如下：定义和分析商业银行数据需求；定义标准化的业务用语、单词、域、编码等；设计标准化数据模型，遵循数据设计规范；制定数据模型管理办法和实施流程要求；建设数据模型管理工具，统一管控商业银行数据模型。

4.3.3 数据资产质量管理系统

（1）质量检查流程管理

商业银行应制定质量检查管理流程，精细化管理质量检查。

一是制订数据质量计划，根据组织数据质量管理目标的需要，制订统一的数据质量检查计划。二是剖析数据质量情况，根据计划对系统中的数据进行剖析，查看数据的值域分布、填充率、规范性等，切实掌握数据质量实际情况。三是校验数据质量，依据预先配置的规则、算法，对系统中的数据进行校验。四是跟踪数据质量问题，包括问题记录、问题查询、问题分发和问题跟踪。

（2）数据质量评价

商业银行应当定义数据质量评价体系，依据组织数据质量管理的目标，制定组织数据质量评估维度，把数据质量评估维度作为数据质量评价的前提，指导数据质量评价工作的开展，使数据质量评价贯穿数据质量控制的全流程。

（3）检查规则

数据质量检查规则的设计，应依据组织的数据质量管理需求及目标，识别数据质量特性，定义各类数据的质量评价指标、校验规则与方法，并根据业务发展需求及数据质量检查分析结果对数据质量检查规则进行持续维护与更新。

（4）自动化检查

自动化检查首先需要把数据质量检查规则导入检查工具和管理系统中，利用检查工具实现自动化核查，并对数据进行及时监测和检查。对于有质量问题的数据，根据数据量的大小决定是否将其存储于管理系统中。对于比较重要的数据，可以设置报警提醒，若检测到数据错误，根据质量问题的严重程度，以短信、邮件或电话的形式，通知数据归口管理部门。

4.3.4 数据资产质量检查

数据质量检查过程中需要注意检查范围、检查方法和检查内容，可配合重要项目或者系统的上线开展专项数据质量检查。

检查范围主要包括日常监控、检查和考核评价过程中发现的问题。检查方法包括但不限于手工统计、使用数据质量检查工具、使用业务系统过程中进行检查等。检查内容包括但不限于数据采集录入、数据处理、数据传输的准确性、完整性和及时性。

4.4 ｜ 大型商业银行数据治理

以中国建设银行（以下简称建设银行）数据治理实践为例。2003年，以全国数据大集中为标志，建设银行正式开启数据价值发现之旅，同年信息中心成立。2005年启动商业银行级数据仓库建设，2006年启动全行数据管控体系建设。随着全社会数字化进程不断加速，监管机构对数据资产治理提出更高要求，建设银行持续完善数据资产治理体系。2017年，建设银行历时六年打造的核心系统成功上线，建成数据管理应用体系，构建了完整的数据资产治理框架，提升了现代银行数字化竞争力。通过标准化的数据规范体系，将银行内外部、孤岛式数据整理聚合，建成商业银行级数据仓库。引入专业数据处理技术，提升数据洞察能力，开启多元数据应用模式，打造智能应用，实现数据价值最大化。

2019年，建设银行颁布《建设银行数据治理办法》，明确数据资产治理的内涵和原则，明确董事会、监事会、高级管理层、总行部门、境内外分行、子公司在数据资产治理工作中的定位与分工；明确数据管理的专业领域包括数据规范、数据架构、数据需求、数据质量、元数据、数据安全、数据变更、数据生命周期等，从制度层面确立数据资产治理体系成为公司治理的重要组成部分。同年，建设银行董事会审议通过数字力建设总体方案，提出构建即时赋能、安全可信的全域数据供应网。2020年，建设银行全面推进数字化经营，启动实施数字力工程，加快打造数据中台，建设"数据与分析"智能中枢，强化数据资产治理。具体实践可分为以下五方面内容。

（1）数据标准管理和商业银行级数据模型

建设银行在对前期发布的数据标准梳理的基础上，借鉴业界的先进经验，结合业务实际情况，选取对业务价值和影响大的业务数据进行数据标准制定，并按照参与人、产品、合约、账户、事件、渠道等分类，每类数据标准下又细分为若干个子类，共同形成数据标准体系。商业银行级数据模型借鉴业界先进的银行数据模型经验，对银行所有业务涉及的业务基础数据的业务含义、格式和取值进行规范化定义。

（2）数据安全管理

建设银行将重要业务数据作为行内核心业务资产，围绕重要业务数据的安全管理，持续完善行内数据安全管理体系。重点围绕重要业务数据的识别、跟踪、审计、分布、使用、预警等，开展业务数据分级分类标准制定，采用数据全生命周期理论作为实践指导，从而建立以重要业务数据为核心，实现事先控制、事中跟踪、事后审计的安全管控体系。

建立数据安全等级划分标准，制定全行层面的数据分类分级原则和要求，在数据分类基础上进行数据分级等。同时，针对具体关键业务场景制定数据分类分级保护的实施细则，包括对不同级别的数据进行标记区分、明确不同数据的访问人员和访问方式、采取的安全保护措施（如加密、脱敏等）[①]。

针对数据泄露防护面临的问题，建立以数据安全为核心的动态保护机制。通过对数据生命周期中的采集、传输、存储、处理、使用、销毁等各个节点的管控，进行风险识别、态势感知、风险预警、监测审计，实现流动中的数据资产的保护，将被动的数据安全防护转化为主动的风险控制，从而形成事前预防、事中感知、事后审计及追查的综合防控能力，实现对数据资产的全生命周期保护。围绕数据全生命周期的可管、可控、可信构建更加完善的数据安全防护，将数据安全和数据应用深度融合，在保证数据助力业务发展的同时，最大限度地保护数据自身的安全。

（3）数据架构管理

建设银行数据架构管理包括数据生命周期、数据采集、基准数据、数据分布和数据集成五个模块。建设银行新一代核心系统是模型驱动、基于SOA架构和组件化的体系结构，业务数据通过商业银行级业务建模，对于商业银行级数据模型中的数据实体与商业银行级流程模型的任务进行CRU（创建、解读和更新）对接，确定了每个业务数据归属的业务处理组件系统（主数据系统），从而避免了商业银行内部的数据冗余存放和数据间的不一致性。系统间的批量数据都向商业银行级数据仓库提交数据集成接口，由商业银行级数据仓库对数据进行整合后交换，以保证各系统间数据的一致性。

[①] Alhassan I, Sammon D，Daly M. Critical success factors for data governance：a theory building approach [J]. Information Systems Management, 2019, 36 (2): 98–110.

（4）数据质量管理

建设银行根据多年进行数据质量管理的经验积累，制定了数据质量管理办法，以规范全行数据质量工作、明确全行数据质量管理的职责分工、工作机制、流程和方法，形成了包括数据质量定义、过程控制、数据质量监测、问题分析、问题整改、评估与考核六个环节及商业银行内部统一的数据质量管理方法。此外，建设银行还开发了数据质量监测平台，可以集中对系统数据质量进行监测，并将数据质量控制嵌入信息系统开发工艺中，对系统的质量设计进行审核，实现了从数据采集源头控制数据质量的目标。

（5）元数据管理

建设银行针对元数据制定了规范和采集模板、管理流程，开发商业银行级元数据管理平台，实现了数据规范、数据模型、数据字典等商业银行信息资产的统一采集和集中可视化管理，方便进行元数据检索、数据血缘分析等。同时，为适应内外部形势发展，对内落实全行大数据战略，对外满足监管要求，建设银行从数据资源属性和价值创造视角出发，着手建设数据资产管理平台，作为统筹数据资产管理的基础设施平台，全面支持数据管理和应用活动。

总的来说，建设银行以新一代核心系统建设为契机构建数据资产治理基础，取得良好的数据资产治理成效。包括借助大数据挖掘提升小微商业银行金融服务能力；利用内外部数据构建风险监控预警模型，对风险进行交叉立体防控；基于海量数据洞察客户需求、挖掘营销商机；支持全行员工自主用数，提供管理决策的量化依据；运用数据为业务运营提供各种场景化服务，实现一线员工业绩自动化计量，推动业务运营智能化发展。最终形成赋能数据价值释放，数据驱动业务发展的良好局面。

4.5 ｜ 股份制商业银行数据治理

4.5.1 浦发银行的数据治理

浦发银行是国内较早启动数据资产治理建设的商业银行，经历了数据资产治理探索规划、基础建设、完善提升和价值显现几个阶段。其中，2006年规划商业银行数据架构，实施商业银行数据仓库项目建设。2010年到2014年，以新一代项目建设规划为蓝图，开展数据资产治理基础建设，建立了涵盖数据需求、数据标准、数据质量、数据模型、数据分布、元数据、数据安全、数据生命周期、数据应用九个领域的数据资产治理框架，形成了具有浦发银行特色的科技引领的数据资产治理模式。2015年到2017年，数据资产治理体系完善提升，健全高层组织领导，强化制度和治理措施落地，增加外部数据管理，形成了十大数据资产治理领域。从2018年开始，浦发银行将数据资产治理职责上升到董事会和监事会层面，建立自上而下、协调一致的数据资产治理体系，挖掘数据价值，进入价值显现和完善提升不断循环迭代阶段。随着全行数字化战略的启动，浦发银行推动数据资产治理向数据资产管理框架升级，将数据作为一种全新的资产形态进行管理，促进数据共享与流通，助力全行数字化战略目标的实现。

（1）数据质量管理

浦发银行依据DMAIC方法论，制定数据质量管理制度，明确"主动预防，加强控制，及时处理"的全行数据质量管控策略，建立全流程、跨部门、总分联动的数据质量协作机制。近年来，围绕监管报送数据、主数据一致性、存量信息系统标准化等主题，开展专项数据质量提升工作。以数据质量源头治理为基本原则，采取"查原因、清问题、建长效"的实施步骤，通过弥补业务领域数据规范空白、优化信息系统管控功能、部署常态化的数据质量监控规则、定期督办问题进展、按月发布数据资产治理报告、按季开展全行数据质量考核等多种举措，形成数据质量管理闭环，推动数据质量问题的落实整改，从根源上解决了大量痛点、难点，数据质量有显著提升。

（2）数据标准管理

浦发银行结合监管要求、国家及行业标准规范、行内实际业务开展情况，建立了包括业务术语、概念模型、数据标准、词汇表和词根词缀在内的全行统一的数据标准体系。2014年制定数据标准管理制度，明确了全行数据标准建设目标、原则和流程，确立了全行所有部门共同参与标准制定及落地的职责。针对数据标准落地难的行业通病，浦发银行通过标准动态修订、全流程管控、专项整改、执行效果评估几方面措施提升落地效果。一是数据标准与业务发展相匹配，对商业银行数据标准动态开展修订和版本更新，保证数据标准定义规范的及时性和有效性，目前已更新至第五版。二是建立覆盖信息系统全流程的数据标准管控机制，并加强过程中的审查，新建及重大改造项目要在符合数据标准要求后才可投产。三是开展存量系统数据标准化专项整改，检查存在的问题并制订明确的整改计划，限定按期完成整改。四是加强信息系统数据标准执行效果评估，基于系统投产后的数据进行标准及质量评估，定期通报评估结果，量化评价数据标准执行效果，并持续修正和完善数据标准管理机制。

（3）元数据管理

浦发银行已建立元数据管理整体框架，发布了元数据管理制度，明确各方职责、管理流程和采集模板。通过元数据自动采集，实现T+1技术元数据更新，确保技术元数据更新的及时性和准确性。依托数据资产管理平台，实现总分行及集团子公司的信息系统、公共标签、数据挖掘模型、报表、监管数据报送口径等元数据信息的统一采集、管理和共享发布，帮助用户快速了解全行数据的定义和分布情况。提供元数据模糊查询、血缘分析、变动订阅、API接口发布等应用功能，为数据质量监控、信息系统数据标准执行检查、数据入湖、敏感数据安全管理、大数据分析应用、数据资产管理等提供基础信息，有效推动全行数据交换和应用。

（4）数据安全管理

浦发银行通过发布数据全周期安全管理办法，实施数据安全分级分类，明确敏感信息在收集、产生、存储、传输、使用、销毁等各个阶段的安全管理要求，有针对性地制定数据泄露场景的应急响应和处置流程，持续加强各环节管控。具体措施包括：加强个人信息保护工作，对App实施专项评估和合规整改，持续更新客户隐私政策，严格数据采集使用合规审查；实施数据流转通道管理，监测、拦截和控制各类数据外流通道；建设办公终端数据防泄露系统，实施屏幕水印、邮件外发审批审计、打印审批审计等策略，全方位增强办公终端数据防泄露能力；严格生产数据提取和销毁管理，严格落实开发测试数据脱敏要求。

（5）数据资产管理

基于现有数据资产治理体系，2020年，浦发银行启动数据资产管理体系建设项目，全面构建全行数据资产管理体系，将数据作为一种全新的资产形态进行管理与运营，开展数据资产认定、确权、价值评估、隐私保护、资产处置等管理活动。从供给、流转、共享的角度开展数据资产运营，探索数据资产经营，孵化数据产品，赋能业务经营和管理决策，实现数据资产价值可量化、货币化。优化数据资产管理平台，运用自然语言处理、数据挖掘算法和数据可视化等技术实现数据资产目录智能推荐、数据资产API服务、数据资产看板与数据应用类系统集成等功能，进一步促进数据资产的共享和流通，释放数据资产价值。

4.5.2 光大银行的数据治理

2006年，光大银行启动商业银行级数据仓库建设，集成和整合业务数据，提供商业智能和决策支持数据；2011年开始构建数据体系，围绕银行数据的生命周期，从数据管理和服务的整体角度出发，定义商业银行级数据活动；2014年成立数据服务中心承担全行的数据资产治理、数据基础平台建设和数据智能应用工作；2020年数据体系演进为数据资产管理及运营体系，促进数据资源高质量整合和应用，推动银行智慧金融发展。

（1）构建完善数据管理机制体系

光大银行管理层始终高度重视数据管理与服务工作，建立了决策、组织协调、执行三层组织架构。目前，光大银行已建立相对完备的数据制度体系，包括《数据政策》《数据质量管理办法》《数据标准管理办法》《数据安全管理办法》《外部数据管理办法》《智能服务管理办法》《数据平台管理办法》等政策制度，指导数据能力各领域建设，保障数据工作的完备性和规范性。

（2）依托智能化数据资产管理平台全面推进数据资产管理

光大银行以"全面、权威、智能、敏捷、生态"为数据资产管理目标，2020年建成"魔数"数据资产管理平台，服务范围覆盖总分行5万多用户，接入全行200多个生产系统元数据，累计基础资产、加工资产和管理资产20万余项，降低数据资产元数据的使用门槛，推动数据资产的管理和应用。"魔数"采用智能化技术和算法，开展数据安全场景等数据资产自动盘点。同步开发"魔豆"数据模型工具，打通数据标准落地的"最后一公里"，将数据标准推送到模型设计工具端，进行自动化落地数据标准；通过平台和工具的自动化、智能化的手段，与数据设计开发、数据应用流程深度融合，打通查数、懂数、用数一条链；以"服务"驱动数据资产管理，以"运营"打通链路，形成"业务+数据+科技"三位一体数据资产格局；探索数据资产价值评估，激活数据资产价值；研究多方安全计算和阳光评分等数据产品创新，加强数据共享应用。

（3）数据质量专项整改大幅提升数据质量

光大银行开展反洗钱专项数据质量治理，完成对私、对公客户的交易、账户信息数据存量整改和增量严控；通过加强客户证件、电话、地址、职业信息的采集规范落地，夯实客户风险识别的第一道防线；制定交易对手信息规范，推动在ECIF、核心及渠道系统落地数据标准和质量规则，实现了源头系统合规整改，满足客户身份识别和交易穿透等合规需求。依托监管标准化数据（EAST）专项数据质量治理，从数据校验、业务核对、监管检查、定期自查等多渠道发现检核质量问题，实现系统数据核对、自动校验、校验结果及错误线上查看和整改数据自动分发等功能；科技部牵头报送，联合业务人员解读和制定报送标准口径，分析监管要求差距，制订切实可行的方案，大幅提升行内明细数据质量。通过专项数据资产治理不仅解决了常年无法改变数据质量问题，更推动了业务制度和流程的规范和合规，降低经营风险。

（4）建设数据中台敏捷支持业务创新

光大银行在各类业务场景创新中向数据应用系统提出了敏捷、高效、灵活等诉求，但是交易类和流程类系统普遍不具备大规模数据计算能力，商业银行整体架构存在瓶颈，由此推动了数据架构对数据赋能形式的变革。数据中台以API形式向前台系统交付数据能力，一是避免了对大量系统的架构改造。二是API具备的实时性特点，也会极大地弥补光大银行数据应用时效性的短板。三是数据中台的架构设计模式提升了敏捷交付能力，缩短业务响应周期。四是数据中台也将改变数据分析类系统的原有生态，提升数据资产治理水平，为各条线的数据分析需求提供更轻量支持模式、快速支持业务创新。

在数据中台的建设工程中，着力突出光大银行特色，以"敏捷""实时""全域开放"为主要特点。在"敏捷"体系的构建过程中，以新技术为重要依托，通过数据融合技术完成对数据的快速组合，从而实现数据中台的核心诉求，即商业银行级能力复用。针对"实时"服务的目标，顺应数据技术的发展趋势，积极尝试现场计算理念及相关技术，引入分布式实时计算框架，降低对ETL批量处理的依赖。此外，数据中台的API秉承"全域开放"理念，对行为各类系统赋能，为交易类系统补充数据能力的空白，推动分析类系统的改造，更作为光大银行的重要组成部分，促进光大银行整体API生态体系的发展。

4.5.3 渤海银行的数据治理

在组织架构方面，渤海银行搭建了与数据资产治理体系框架相配套的组织架构，明确了董事会、监事会、高级管理层和相关部门的职责分工，建立了多层次、相互衔接的运行机制。在高级管理层下设了数据资产治理委员会，制定了数据资产治理委员会的工作规则，定期组织召开数据资产治理工作会议，对数据资产治理的重大事项进行决策。在信息科技部下设了数据管理中心，负责牵头管理和推动全行数据资产治理工作。

在数据管理方面，渤海银行坚持制度先行，制定了政策、办法、细则三个梯次的制度体系，针对特定领域出台相应的管理规范。在开展数据资产治理工作初期就印发了《渤海银行数据管理政策》，规范了全行数据管理的总体目标、总体策略、组织架构、职责分工等内容，遵照全行数据资产治理体系架构，共规划了《数据标准管理办法》《数据质量管理办法》《数据安全管理办法》《数据需求管理办法》《外部数据管理办法》等十多项管理办法，基本覆盖了数据资产治理的各个管理领域，结合全行数据资产治理工作的实际开展情况，分批次地进行编制与印发，并落实管理细则。

以下为渤海银行进行数据资产管理的良好实践：

为促进信息共享和知识传递，减少报表寻找成本，提升报表数据资产的价值，渤海银行启动了全行报表类数据资产的梳理工作，具体如下：

一是完善了报表类数据资产的管理规范，数据管理中心、业务部门以及技术部门经过多次的沟通与讨论，针对报表类数据资产共同制定了新的管理规范，明确了报表所有者、管理者、开发者以及使用者的工作职责，优化了现有的报表管理流程，制订了此次报表梳理工作的整体方案，并先行在财务部进行试点后面向全行进行推广。

二是完成了所有报表类数据资产的认责工作，经过对全行存量报表的梳理，对于归口部门缺失和不明确的报表重新进行了认责，明确了所有报表的责任部门，并细化到责任团队和责任人，对于已经不再使用的报表实行下线处理。

三是补充完善了所有存量报表类数据资产的业务属性信息、管理属性信息以及技术属性信息，按照新的管理规范，以报表类数据资产认责为基础，要求所有责任部门对存量报表的各项属性信息进行了补充和完善，并在报表平台中进行了数据更新。

四是实现了报表类数据资产各项属性信息的源头把控，一方面出台了《统计报表业务需求编写规范》，并在需求审核环节增加了数据审核，对于报表类需求中业务属性信息不完善的需求，要求业务部门进行补充完善后重新提交；另一方面经过对报表平台技术改造，要求在投产环节，进行报表登记与发布时，强制录入报表的业务属性信息、管理属性信息以及技术属性信息，并进行系统层面的检核与验证。

4.6 │ 城市商业银行数据治理

4.6.1 江苏银行的数据治理

（1）平台建设

江苏银行于2018年启动数据管理平台项目，通过数据管理平台实现数据标准的线上化管理及数据质量的监测分析。主要包括以下功能：一是数据标准管理线上化，通过数据管理平台能够实现数据标准的增删改查，建立了完整的审批流程；二是数据标准落标的线上化管理，通过数据管理平台实现数据标准和系统元数据之间映射关系的管理，保证系统落标的准确性；三是数据质量的持续监测和分析，以数据质量管控流程为依据，组件定义校验规则、管控数据表采集、质量校验、问题登记处理、质量统计分析的线上化流程，实现数据质量的管理。

2019年开展数据资产盘点工作，搭建了数据资产管理功能模块，相继完成了对公授信、对私授信方面的数据资产盘点工作。一是通过对授信流程涉及的相关数据进行评估，从业务流程、数据主题、系统模块、管理条线等维度切入，对业务属性、技术属性及数据间关系进行梳理整合，构建数据资产目录体系，形成授信数据资产视图；二是开发数据资产目录管理、数据资产的一站式搜索管理、数据资产服务管理及用户交互管理等功能，对梳理整合后的数据提供面向业务使用人员的服务。

（2）管理机制

为保障数据资产治理工作的实施和组织架构的正常运转，需要建立一套完整的数据资产治理规范，从制度上保障数据资产治理工作的有据、可行、可控。江苏银行发布了一系列数据资产治理相关的规章制度，对组织架构、数据标准、数据质量、数据需求、数据安全、数据价值应用以及数据考核管理等多方面工作的职责分工和流程规范进行规定。

董事会负责审批大数据战略，督促高级管理层提升数据资产治理有效性；监事会每年对高级管理层在数据资产治理方面的履职尽责情况进行监督评价；高级管理层向董事会报告数据管理的有效性和执行情况；总行信息科技部作为数据资产治理归口管理部门，牵头实施数据管理体系建设，协调落实数据管理运行机制，组织推动数据在经营管理流程中充分发挥作用，同时负责制定全行数据标准、数据质量、数据安全、数据价值应用等方面的流程和规范；计划财务部作为监管统计归口管理部门，依据外部统计政策和内部管理要求，统筹规划和制定统计指标，规范全行统计工作，开展统计数据质量管理，不断提高统计数据质量。

为提升全行数据资产治理工作成效，达成考核目标和最终实现组织数据战略，江苏银行主要在以下几个方面采取相关措施。一是在分行评价指标体系中增加数据管理评价指标，对分行数据管理工作进行监督与考核；二是每年制订大数据应用方案，对包括数据质量在内的当前数据资产治理工作计划进行分解，并在总行部室考核中增加考核指标，明确数据资产治理工作的考核内容；三是建立适用于全行的内控管理积分条例，对发现较为严重且影响面大的数据质量问题主动发起违规积分，并纳入季度考核。

（3）工作机制

江苏银行发布数据资产治理工作流程规范，建立了常态化的数据资产治理工作机制。在具体实施上，主要采取以下措施：一是建立由行领导牵头，各部门总经理室及业务骨干担任组员的数据质量工作组，不定期召开不同层级的数据质量专题会议，推进数据质量问题的解决；二是充分利用大数据手段，依托事中预警平台，建立数据质量预警信号，实现对数据质量问题的T+1日预警，并推送到相应的责任机构进行整改，对于未按照要求整改的进行违规积分；三是通过数据管理平台实现数据质量问题的自动校验，对监管要求或行内计划排查数据问题形成校验规则库，实现每天自动监测、自动发现问题，提高问题发现的主动性；四是对于发现的数据质量问题进行及时分析，定位责任人或机构，制订整改计划，按计划推进问题整改，对未按照要求整改的责任人或机构进行违规积分；五是建立数据需求审核机制，数据修改类需求需明确修改原因，对于由于人为原因导致的数据质量问题需求，需附上数据质量违规积分单；六是建立数据问题通报机制，每周向工作组通报数据问题推进情况及下周工作计划，每月发布全行数据资产治理情况通报。

4.6.2 甘肃银行的数据治理

（1）数据资产治理和公司治理相结合

甘肃银行在数据资产治理项目启动之初，就制定了"落地一套机制、打造三个平台、深化五大应用、夯实六大集市、构建十大主题"总体目标，严格按照银保监会《银行业金融机构数据治理指引》要求，全面覆盖指引中的相关要求，明确数据战略、数据管理制度、数据标准、数据质量、监管统计制度、数据安全、数据价值实现等多个方面的数据资产治理体系框架，特别是制定了决策层、管理协调层和执行层三层组织架构。其中，决策层除董事会、监事会外，由数字化创新工作领导小组办公室作为具体督办推进工作的牵头方，从顶层设计端保证了数据资产治理项目"问题有人管，进度有人跟，困难有人帮"。

2020年，数据资产治理项目作为全行数字化转型重点督办项目，由数字化创新工作领导小组定期召开数字化转型推进会议持续跟进，有效保障了数据资产治理相关工作的进度和质量。

（2）数据资产治理和数据应用价值相结合

甘肃银行数据资产治理项目摒弃以往重咨询轻落地的建设思路，通过数据资产治理活动和金融业务应用场景相结合，配合建立完善的组织架构，推动建立数据资产治理长效机制。以激发业务价值和解决实际问题为导向，通过建设数据管控平台实现治理成果对标落地，将数据主题分类和数据集市建设在数据仓库落地，通过以外部监管统计报送和内部经营决策分析发现的数据问题为导向推进治理工作显实效，真正做到用数据说话、用数据管理、用数据决策、用数据创新，以数据重构商业银行智慧，造就一个数字化商业银行，使数据管理、数据分析成为商业银行价值链的一部分。

（3）平台建设支撑数据资产治理

将数据资产治理与管控平台、数据仓库平台、数据集市建设相结合，全面联动。数据资产治理成果由数据管控平台来承载，进行统一管理。通过管控平台对银行数据从规划、采集、存储、共享、维护、应用、消亡全生命周期的每个阶段可能引发的各类数据质量问题进行识别、度量、监控、预警，提升数据正确性、完整性、一致性，使数据质量稳步提高。数据管控平台主要包括元数据管理、数据标准管理、数据质量管理，通过与行内ITIL、项目管理等系统进行对接，对上线版本进行有效管控，从事前、事中、事后三个阶段对数据模型进行有效防控，定期发布数据质量检核报告，并对行内各上下游系统进行血缘分析和影响性分析检核。

在推进数据资产治理工作的同时，在数据仓库进行数据标准的落标工作。通过制定十大主题基础数据标准及行内特殊维度标准，并通过对试点主题的专项数据质量提升，实现数据资产治理工作的价值转化，持续夯实数据应用能力。一方面，通过建立商业银行级的数据模型，整合内外部数据，建立全行统一的业务视图，促进全行数据信息共享；另一方面，持续深化数据标准在数据仓库的落标工作，制定数据仓库向数据集市供数的规范，保证全行数据应用的统一。

（4）数据资产治理和业务痛点相结合

紧密围绕监管部门要求，开展专项数据质量提升工作。2020年以来，甘肃银行以反洗钱系统、EAST系统、金融基础数据报送等监管类数据报送工作为契机，分批分类对行内客户、账户、交易等数据开展了专项数据质量提升工作，控新增和补存量双管齐下，不断提升数据质量。从解决行内数据痛点需求出发，扩展数据管控平台为数据资产门户，统一全行数据资产的管理和展示。以数据仓库和数据管控平台作为支撑，依托监管集市和报表集市的建设，在校验数据标准和核验数据项质量的同时，丰富相关报表的展示，统一数据质量和数据标准的管理和使用流程，为数据资产治理工作的推进提供抓手。

4.7 ｜农村商业银行数据治理

4.7.1 江南农商行的数据治理

（1）数据战略和文化

江南农商行制定《江南农村商业银行2019—2021年战略发展规划》，明确了数据资产治理规划，落实"科技、数据双轮驱动"，指导全行高效、顺利地开展数据资产治理相关工作。提出了"通过数据资产治理，实现数据可用、好用、放心用，最大化数据价值"的战略愿景，并制订了夯实基础、优化提升、数据智能分阶段落实的行动计划。

针对数据文化建设方面，提出了具体的推进措施：一是依据银保监会下发的《银行业金融机构数据治理指引》要求，推动全行数据资产治理工作向纵深发展，逐步建立起数据质量"谁产生、谁负责""谁使用、谁负责"的双负责数据文化，坚持不懈地开展"数据资产治理月"活动；二是从数据驱动创新社区、数据知识培训引导、最佳数据实践总结推广、数据文化活动宣传四个方面，全面构建数据文化，逐步推广完善数据文化。如定期组织培训，宣传元数据、主数据、数据标准、数据质量等管理的重要性、管理办法以及相关知识等，以深入贯彻相关数据资产治理的理念，培养员工的数据思维。

（2）组织建设与人才培养

江南农商行将数据资产治理纳入公司治理范畴，建立自上而下、协调一致的数据资产治理体系，形成决策层（数据资产治理委员会）、管理层（数据分析部下设数据资产治理中心）、执行层（业务部门和科技部门）三层架构。

为加快数字化转型，达到国内农商行智能数据分析与挖掘服务的领先水平。2019年江南农商行与外部专业机构合作开展了为期半年的数据分析师、建模工程师人才专项培训，通过专业理论培训和实务操作等方式培养专业人才，打造一支专业素养高、实战能力强的大数据分析和建模团队。

（3）数据标准

数据标准管理机制的定义为"一个体系、两轮驱动、三关管控、四位一体"。一个体系：构建一个相对完善的数据标准框架体系，涵盖了客户、组织机构、渠道、产品、交易、协议、账户和财务八大类主题，形成、确定全行数据的"校准仪"。两轮驱动：数据标准管理工作秉承了监管和应用双轮驱动的基本原则。三关管控：数据标准的实际落标工作重点在定标关、入口关、监测关三个环节做好管控。四位一体：搭建统一框架、统一标准、统一平台、统一责任的配套机制。江南农商行建设符合国家标准化政策及监管规定的全行数据标准，建立企业级数据标准1205项，国家标准62项，行内标准758项，开发了企业级数据标准管理平台，将数据标准的日常管理流程、研发平台生产流程和数据投产流程打通，形成对数据标准全生命周期建标、对标、落标、核标的全线上平台化管理。

（4）数据质量

江南农商行建立覆盖全生命周期的数据质量管理体系，保证数据的真实性、准确性、连续性、完整性和及时性。加强数据源头管理，各项业务信息需全面、准确、及时录入信息系统。业务部门制定业务规则，充分考虑数据质量管理要求，指标含义清晰明确。通过数据资产管理平台，按照一定的检核规则，定期对数据质量问题进行检核，针对数据问题按照问题类规则和提示类规则予以下发，要求数据问题单位整改。每年组织不少于一次数据质量现场检查，建立数据质量考评和整改体系，对日常监控、检查和考核评价过程中发现的问题纳入绩效考核体系。

（5）数据应用特色实践

江南农商行致力于数据价值的实现，除传统报表平台支撑外，在风控、营销、管理等领域都进行了积极探索，并着力打造江南农商行专属品牌，如江南盾品牌——反欺诈门户中心，已经接入25款产品，部署3500多条规则策略，有效地支撑了银行小额信用贷、灿谷车贷、信用卡、江南时贷等零售产品的上线运营；江南镜品牌——金融知识图谱平台建设与应用，对接了审计系统、CRM、信贷系统等9大系统，提供总量为1700万户上海及江苏地区工商企业信息，每月更新200多万条企业信息，新注册企业2万多户；江南税品牌——江南税银平台建设与应用，有123家综合型和基本型网点，可以受理线上对公开户申请后的账户激活，贷前业务已接入本行小微贷系统，手机银行税银贷功能已上线，贷后服务已接入风险预警系统，截至2020年9月底税银平台累计放款860余笔，贷款金额9000余万元，为240余家小微企业提供纯信用贷款服务；分析建模方面，截至2019年初共完成26个模型，其中客户流失模型有5个，风控模型有7个，营销模型有15个，并在数据分析部下成立了建模团队，开始系统地规划和实施分析建模工作；其余在风控、管理及营销方面，为行内信用卡、互联网贷款、小微贷等贷款准入类业务提供贷前审核服务，为贷后管理提供企业预警信息服务，为信用卡、信贷产品及零售业务等的建模提供数据支撑，为行内合规建设及客户管理提供数据支撑，为行内提供营销名单的主动获取和筛选、补充信息服务。

4.7.2 重庆农商行的数据治理

（1）明确数据战略

重庆农商行近年来通过邀请多家国际顶尖咨询公司开展卓有成效的转型咨询，形成了"以数字化、智能化、平台化为手段，打造中西部'最佳客户体验'银行"的未来五年战略定位，明确通过金融科技手段，充分发挥客户和网点优势，建立"以优秀客户体验为护城河"为竞争优势的发展路径。因此，数据战略的目的就是从支撑全行数字化转型出发，结合重庆农商行的实际情况，逐步构建一个既有创新又接地气的数据中台，打造成为区域数字化标杆企业。从短期目标来说，就是要实现从基本管理向主动数据资产治理的迈进。

（2）健全数据管理机制

在数据资产治理架构方面，重庆农商行目前建设了相对完整的数据资产治理管控架构，并明确各层级的职责。一是决策层，由金融科技管理委员会负责全行数据资产治理相关议题的顶层决策，包括全行数据资产治理工作的规划和重要问题的决策，对数据资产治理战略、政策、流程等规划进行审批。二是管理层，设立数据管理部负责数据资产治理框架的建立和日常管理，牵头制定数据资产治理规章制度，协调落实数据资产治理运行机制，组织推动数据在经营管理流程中发挥作用。三是执行层，按数据分工专注于具体事项，各业务部门在日常工作中负责确保数据收集和数据质量，提出数据改造需求，技术部门配合相关数据工作落地，负责基础数据质量的检查，参与数据质量提升项目的实施。

在数据制度建设上，重庆农商行制定并修订了《数据管控基本制度》《数据质量管理办法》《数据服务管理办法》《外部数据管理办法》《数据标准管理办法》《元数据管理办法》《数据生命周期管理办法》等制度，初步明确了数据管控的牵头部门、配合部门，以及数据质量的发现、反馈、解决的流程，并阐明了各方职责。

在人才队伍建设上，重庆农商行目前通过内部筛选、外部引入等方式广泛吸收人才，截至2021年6月，数据管理团队现有成员41人，其中有2人拥有博士学位，19人拥有硕士学位，多人拥有海外工作及大型金融机构从业经验，为全行培育和储备"业务+数据+科技"全面发展的人才梯队。

在数据文化培育上，重庆农商行一是通过讲座、公众号、论坛等方式，对大数据的使用方法和效果进行内部培训和宣传。二是打通沟通渠道，鼓励全行员工甚至客户提出数据创意并与之分享结果。三是定期或按需召集跨部门、跨分行的员工进行经验交流，形式上可以是走上来也可以是到基层。四是对良好的数据分析实践和结果在行内进行公开表扬或给予一定奖励。

（3）提升数据能力

一是行内数据整合应用方面，重庆农商行采用逆范式宽表设计与维度建模方法，以新建产品编码表、全量产品台账表和明细表为核心，搭建数据中间层。通过将存款、贷款、理财、基金、保险、移动金融、国债、贵金属、CRM等零售业务相关的数十个系统、上百张表、成万个字段的源系统数据整合到中间层，彻底打通"数据孤岛"，为个人金融服务平台、对公CRM系统、业绩考核系统、智慧银行等系统提供了重要的基础数据支持。[①]

二是外部数据引入使用方面，重庆农商行通过对数十家政府及事业单位数据源和第三方数据供应商的评估与引入，已实现对单一个人客户超过130维、企业客户超过150维数据的画像描述。把传统银行通过低维数据对客户的简单刻画，有效改变为通过多源、高维数据的综合应用，实现了从收入水平、持续经营能力、上下游客户关系、司法舆情、消费行为、偿债能力等多个方面对客户的精准、实时、完整描述，多快好省地支持了线上业务的发展。特别在新冠肺炎疫情非常时期，各类外部数据源持续为行内系统和产品提供了7×24小时服务，有力地保障业务发展。

三是试点敏捷的数据应用。随着信息技术在重庆农商行的广泛应用，逐步累积了海量的数据，这些数据分散于各个系统中，难以直接产生价值。只有敏捷地将业务需求转换为系统实现，才能更好地体现出数据的价值。例如，通过标签管理功能向客户经理提供客户的相关标签数据，包括客群筛选、客群分析、任务分发、营销反馈等功能。通过跨系统交叉数据验证，以及利用数据资产治理思路对客户信息进行多系统比对和验证，提升了数据质量，通过丰富的标签帮助行内客户经理提升营销效率。

（4）建立新一代数据平台

重庆农商行总体思路为从"以应用为中心"的系统架构，逐渐向"以数据为中心"的数据中台架构迁移。

---

① 刘绪光，韩雪，李波.银行理财渠道建设比较分析——基于数字化视角［J］.银行家，2021（3）：108–110.

一是推进智能数据决策平台应用。智能数据决策平台的建设目标为支持未来全行线上产品的数据决策，夯实重庆农商行风控能力，自主掌控模型的开发部署，实现多引擎调用，作为金融科技试验田体现线上业务"数据引领、创新发展、模型自主、小额分散、风险可控"的原则。目前共完成信用卡风控、旺农贷、渝快贷、房快贷、小微自主支用及续贷、线上贷款资金用途监控等13个产品策略的开发上线。交易请求日均达到10万笔以上，决策成功率达99.77%。

二是持续优化大数据平台。大数据平台是重庆农商行在新形势、新发展阶段引入的基础数据工具，以离线计算平台MaxComput和流计算平台StreamCompute为引擎，以RDS、OTS、ADS等多样数据库为承载，具有大存储、高性能、强支撑的特点，可以大大提高基础数据的存储和计算能力，为各项业务的开展提供强有力的基础支持。

三是建设全行级的外部数据综合管理平台。外部数据综合管理平台上线后，基本实现了行内统一的外部数据服务测试和开发管理，目前通过缓存的数据访问量占比为20%以上，解决了原先各系统直联外部数据可能导致多次计费的问题，为实现各类外部数据的统一接入奠定基础。

四是建设全行级的数据服务平台。数据服务平台实现了异构数据源的数据访问和稳定快速的服务调度功能，包括对Oracle、MySQL、HBase等数据库的访问能力，兼容和支持业界主流的数据库，实现服务网关，提供服务注册、服务发现、服务组合、灰度路由、并发控制、熔断限流、超时控制、容错负载等功能。

（5）推动监管数据资产治理

重庆农商行对监管数据专项治理制订并实施以"价值驱动、小步迭代"为方向的数据资产治理方案，采用"四步走"即"体检""会诊""治疗""复查"的方式持续进行问题的摸排与解决，使数据资产治理形成闭环。

"四步走"之"体检"：及时跟踪监管机构的检核规则变化，对监管数据质量问题进行全面摸排和诊断。基本原则为先摸排问题条数较多、影响面较大的问题，再摸排问题条数较少、影响面较小的问题。在摸排过程中，要求从技术的层面先解构问题，将每一个问题分解到最细致的颗粒度，精确定位问题所属分类。如果该问题能在技术层面解决，即可在摸排过程中同步整改。

"四步走"之"会诊"：组织相关部门技术、业务骨干形成数据资产治理工作组，进行问题数据认领及报送口径确认工作，减少了数据资产治理工作上的各条线部门各自为政、缺乏统筹等情况。

"四步走"之"治疗"：一是将解决方案传送至技术部门落地实施，数据管理部门进行业务逻辑及技术方案备案。二是针对缺失数据，探索利用外部数据进行补充完善，减少人工操作的工作量。三是针对部分确实需要一线人员补录的问题数据，通过各业务条线下发组织完成，同时将补录及核对数据的情况纳入考核方案，以提高补录工作的质量和效率。

"四步走"之"复查"：根据问题检核结果及落地情况，针对已解决的问题进行问题条数变化情况的持续评估，避免已整改的问题再次重复出现。对整体问题整改落实情况进行动态追踪，监控计划与实际进度差异，合理调配资源。同时启动数据咨询和实施项目，通过对标先进同业，梳理各项数据标准和质量检核规则，完善配套流程制度，确保数据报送质量的不断提升。

4.8 ｜ 互联网银行数据治理

以新网银行的数据治理实践为例。为了提升监管报送的数据质量，新网银行自筹办之初就将数据资产治理列为全行IT总体规划和大数据规划的关键能力领域，并明确了开展数据全生命周期的标准化建设、元数据管理、数据质量管理和数据安全管控的目标。通过两年的努力，数据标准体系建设基本完整，元数据管理规划有序落地，数据质量显著提高，工作逐步向数据安全、数据生命周期管理等领域探索扩展。

（1）数据资产治理沟通机制

在沟通机制上，全行最高决策层设置了数据资产治理委员会，对数据资产治理整体规划和重大问题进行决策，委员会下常设跨部门的数据资产治理办公室，负责日常数据资产治理工作的组织和开展。各部门委派专员参加数据资产治理工作，每月定期参加专员会议，沟通数据资产治理重点工作进展。

（2）数据标准

在数据标准领域，目前已制定基础数据标准超过400项，覆盖行内各类主要业务，其中100余项跨系统使用的代码类标准已在全行业务系统和分析系统落地。建立了指标数据统一的方法框架，正在对全行超过5000项指标进行梳理和进一步标准化。

（3）数据质量

在数据质量管理领域，制定并部署了近3000条数据问题检查规则，每日对全行全量数据进行检核，及时发现业务产生的问题数据，并通知相关责任人整改。针对客户信息、账务等关键数据开展持续的数据质量专项提升工作，全行数据基础持续向好。

（4）元数据管理

在元数据管理领域，接入10余个全行关键业务系统的技术元数据，提供数据字典查询，并对日常的变更进行授权和监控。元数据血缘和影响分析功能基本建设完成，通过自动化程序对全链的元数据进行上下游关系解析。

（5）数据资产治理工具

在数据资产治理工具层面，借助成熟的Java框架自建数据资产治理系统，提供数据资产治理工作需要的信息发布和流程管理支持。目前系统由数据标准、数据质量、元数据管理和系统配置四个模块构成，基本满足了日常数据资产治理工作的开展需要。

价值篇

05

金融数据资产

账户、估值与治理

数据资产的价值提升：业务发展、技术平台和第三方合作

　　2021年6月，中国银行保险监督管理委员会组织银行业、保险业开展"内控合规管理建设年"活动，对商业银行的合规管理提出了更高要求。而随着数字经济向纵深发展，"合规"的内涵和外延也在发生变化，"合数据之规"势在必行。商业银行因数据治理不当、严重违反审慎经营规则、监管数据报错等原因而获监管罚单的现象屡见不鲜，银保监会2021年开出的第一张罚单就聚焦数据合规问题，某行涉及数据安全管理粗放、存在数据泄露风险、互联网门户网站泄露敏感信息等六项问题。由此可见，商业银行等金融机构只有守好数据处理、融合、应用的合规底线，统筹协调好数据治理与业务发展、技术平台和外包服务的关系，才能更好地将数据资源变为数据资产，真正发挥数据价值，驱动业务发展，以实现聚"数"成"金"。

　　数据资产治理水平的提升，与业务发展、技术水平以及第三方协作赋能的模式密不可分。保障关键业务运行是金融机构开展数据资产治理工作需要关注的首要任务，通过规范数据架构，从而解决制约业务发展的数据质量问题，提升数据资产的长期价值，保障金融机构稳健运营和可持续发展。在日常运行中，要形成一套完善的数据资产治理方案，就必须引入成熟稳妥的数据分析和数据挖掘技术，依托大数据平台、数据仓库、数据资产治理平台和数据监控平台实现数据资产治理目标。本篇将以商业银行为例，从数据资产治理过程中可能涉及的业务影响以及技术、合作方支持等角度，探究数据资产治理与业务发展、技术平台和第三方合作的关系。

5.1 ｜ 数据资产治理与业务发展的关系

数据资产治理的目标是为商业银行日益复杂的信息化应用群提供更高质量的数据环境，保障信息基础设施的稳健与韧性，解决制约业务发展的数据质量问题，可持续地释放数据资产的长期价值。以治促用，助力高质量发展。

5.1.1 保障稳健运营和可持续发展

保障关键业务运行是银行开展数据资产治理工作需要关注的首要任务。数据资产治理对银行运行保障作用主要体现在以下方面。

（1）规范银行信息科技体系的数据架构

数据资产治理对银行业务的基础性保障作用，主要体现在通过有序的数据架构管理协调IT基础设施的建设和运行，提升业务连续性水平和科技服务质量。数据架构是面向数据需求设计、维护的数据主蓝图，用于指导各类信息系统的数据集成，管控数据资产，使银行的数据投资与数据战略保持一致。过去四十年，中国的银行金融机构经历了金融电子化到业务网络化的巨大变革，主流的技术框架不断更迭，不同时期建设的系统群难以整合[①]。目前，大多数银行采用了对现有的IT基础架构进行局部修补的策略，但还缺乏开展系统性重构的能力。在高速运行中完成基础设施升级换代是摆在银行业发展面前的第一道难题。

数据架构作为沟通业务与技术的统一语言，描述了业务架构的数据

---

① Viljoen S. A relational theory of data governance [J]. Yale LJ, 2021, 131: 573.

需求、应用架构的数据交互和技术架构的数据约束，能够从总体上协调各类IT架构的关系，维持银行基础设施的升级秩序。立足数据架构建设，开展数据资产治理可以解决银行信息基础设施运行和发展的三个关键问题。一是建立商业银行级的数据模型，规范在概念层、逻辑层和物理层的数据表述，建立统一的业务术语和实体。这些模型在业务、系统间发挥重要作用，各类用户能够充分理解业务需求与数据源之间的关系，增强了银行数据的可用性。二是规范系统群的数据流，科学规划银行各类数据的分布，优化数据流向，降低由主数据多点创建、参考数据随意引用导致的数据基础不一致问题，从根源上降低数据不准确导致的服务质量风险。三是建立系统之间的数据交互标准，规定跨系统重用数据的技术规范，避免系统各自建设导致的数据共享困难，进而引发各范围的业务中断事件。

规范数据架构是银行良性开展数据资产治理的长期工作，是保障数据资产治理效果的关键。数据架构定义的模型和规范为数据标准制定、数据质量管控和数据安全保护等重点工作提供了坚实的基础。但由于数据架构本身的定位和特性，相关管理工作触达信息科技体系根基，几乎涉及银行全部系统，优化改造的工作难度不亚于重要的传统业务系统改造。同时，在银行内部信息科技体系以外，数据资产治理的各类干系人对数据架构的重要性认识有限，管控动力不足。仅依赖数据管理部门的力量难以推动全行数据架构的变革和管控工作，这也是大部分银行数据管理工作仅限于数据标准、数据质量等局部领域开展的原因。

（2）提升业务的监管合规水平

银行业务管理的本质是对风险的经营，随着银行监管体系逐步成熟，银行业务报送范围越来越广泛。以人民银行大集中和银保监会1104

报送为例，不同监管机构对银行的业务监管范围可能重合，但在监管要求上并不完全一致。为了提高报送数据的质量，银行不但要建立符合监管框架的内部报送实践，最根本的工作是向不同的监管机构提供一致、可信的数据基础。随着EAST报送体系的实施，围绕业务明细数据管理、建立银行的各项数据管控机制已经成为符合监管趋势的基础性工作。

通过建立跨业务条线的数据资产治理组织，开展数据管理机制建设，银行能够全面改善业务数据管理环境，发展符合监管期望的内部控制能力。监管报送工作质量的提升倒逼银行开展管理改进，促进银行业务长期稳健发展。然而，部分数据文化未建立、数据资产治理投入不足的银行仍然面临数据资产治理组织流于形式，保障制度难以落地的现状，限制了数据资产治理作为协调机制的基础性作用在监管报送等数据应用领域的发挥。数据资产治理建设停留于纸面上，与信息科技管理的实际需求严重脱节，缺乏持续开展动力。

满足监管作为开展数据资产治理活动的基本动机，数据报送工作应向数据资产治理提出更多操作性的需求，驱动数据资产治理的机制建设完善。银行需要加强监管报送体系与数据资产治理体系建设的工作联系，围绕满足监管的底线目标，为建设行之有效的数据资产治理体系提供指导方向。

（3）控制银行的运营成本增长

大数据时代，探索和挖掘数据资产价值的实践空前繁荣。随着数据产品的极大丰富，分析指标被各类用户重复加工，同质化的数据服务在不同的应用接口中反复封装；数据挖掘和深度学习正在突破传统查询的硬件性能开销水平，对银行信息科技架构的成本提出挑战。数据价值发挥的过程伴随着数据采集、加工和分析活动的成本生成，需要进行妥善的管理。

在流行的数据中台实践中，数据资产治理作为中台架构的管控组件存在，介入大数据价值发挥的全生命周期各阶段。数据从产生、加工到使用都在数据架构的规范框架下开展，以元数据的形式保留记录，为各类开发和业务用户提供有序可见的数据资产视图，缺乏管理的数据使用活动意味着底层算力和存储的浪费。目前银行的数据应用仍然集中在报表和查询等较成熟的数据分析方式，基础设施预算受数据管理水平的影响在可控范围内。随着银行数据规模的增大和上云时代的到来，数据节点或云计算服务采购都将面临巨大费用支出。

5.1.2 解决展业中面临的数据质量问题

中国银保监会办公厅《关于银行业保险业数字化转型的指导意见》提出要加强数据质量控制，通过加强数据源头管理，形成以数据认责为基础的数据质量管控机制，充分发挥数据标准对提升数据质量、打通数据孤岛、释放数据价值的作用[1]。在数据资产治理的各项工作中，数据架构、元数据等工作领域发挥着基础性作用，最终体现为可靠的数据质量。银行开展数据资产治理需要标本兼治，一方面建立完善的数据质量保障机制，另一方面持续提升数据资产治理的基础。治标要建立组织、制定政策、设计方案和研发工具支持数据质量的闭环管理，治本还须从数据体系的整体规划上理解、控制和规避数据质量问题。

（1）设立跨条线、分层级数据资产治理组织

数据质量管理是一项跨条线、跨系统的工作，需要协调银行多个业

---

[1] 中国银保监会办公厅，《关于银行业保险业数字化转型的指导意见》. http://www.gov.cn/xinwen/2022-01/27/content_5670682.htm, 2022-01-27.

务单元合作完成。在人员配置上，各业务条线需要设立专职或兼任的数据资产治理专员，参与调动部门业务管辖范围内的数据质量提升工作。在全行层级需要设立数据资产治理办公室，专务数据资产治理的规划、建设和管理提升。建立数据质量管理的配套制度，包括数据质量管理办法、数据认责机制、考核制度等，规范数据质量的管理活动。将数据质量管理从个体活动上升为受管控的统一工作是解决各类数据问题的第一步。

（2）设计数据质量管理方案

明确数据质量问题管理的流程，包括设计数据质量定义、数据问题检查、数据质量报告、分析整改和数据质量持续提升等关键环节。

第一，从数据质量的完整性、准确性、一致性和及时性角度梳理业务对数据质量的需求，设计数据质量检核的规则。第二，部署数据质量规则，定期开展在线巡检，发现业务运行中的数据质量问题。第三，定期发布数据质量问题报告，按照管理权责分配检核发现的数据质量问题。第四，数据质量管理部门应牵头技术部门和业务管理责任部门设立数据资产治理专员参与数据质量的分析和整改。第五，在往期发现问题的基础上归纳数据质量需求，有针对性地制订管理方案，持续改善同类问题的检出情况。

（3）使用技术工具提高管理效率

随着数据质量管理方案执行的成熟，银行可以使用技术工具提高数据质量管理工作的开展效率。数据质量管控工具是一个独立于业务系统和数据平台的技术组件，用于程序化地执行数据质量巡检、报告等事后管理。借助数据质量管控工具，银行只需要极少量的人工投入即可每日检查、分析、报告和分派生产数据问题，真正实现对全景业务的数据质量管理能力覆盖。

5.1.3 提升数据资产价值

满足监管只是银行开展数据资产治理的底线要求，将数据作为一项资产经营，最大限度地发挥数据资产的价值才是数据资产治理的长远目标。相较于传统的资产，数据资产存在可复制、难计量、成本和收益难匹配等特性，缺乏成熟的资产化管理方法。根据Gartner信息经济学相关研究，数据资产价值主要通过使用变现。

成熟的数据管理能力帮助银行夯实数据基础，支撑数据应用蓝图落地。数据在运营管理、客户营销、风险管理、财务分析、监管报送领域有广泛的应用前景，在银行数据架构实践上，数据应用层的这部分潜在价值依赖上游的数据采集层和数据整合层支撑。大量的数据加工、传输活动必须在有序的管控下开展，因此，架构上需要一个数据资产治理组件，贯穿数据从采集到变现的全生命周期。

数据资产治理为数据应用提供更高质量的数据环境，极大地提高了数据资产价值，具体包括：银行开展业务产生的产品合约、客户信息和交易记录按照数据标准进行存储和交换，打破信息孤岛产生的使用障碍；业务台账在数据架构的规范下完成采集，传输、集中和分发，连接数据资源向资产转变的通路；数据按照统一的模型进行集中整合、存储，完成了价值挖掘的数据基础准备；开展数据质量、数据安全和数据生命周期的管理，保障数据使用环境的生态健康。

良好的数据管理能力还能够支撑数字化转型。以建设银行为例，标准信用评分产品"龙信商"的开发上线周期仅一个月左右，有力地支撑了后期线上零售信贷产品"快贷"的蓬勃发展，为银行开辟了零售、小微和租赁的新赛道。建设银行数据产品创新能力的背后是新一代核心数据条线建设的模型管控能力，基于良好的数据基础，建设银行能够快速地开发出符合市场竞争需要的数据产品。随着数据挖掘分析和机器学习能力的普及，银行在运营、风控等领域的技术洼地正在消失，竞争的焦点转向对数据资产的掌控和应用。数据资产治理不再止步于成本节约活动，在价值创造领域还有更加广阔的空间。

5.2 ｜数据资产治理与技术平台的关系

在金融机构的日常运行中，各种数据分析和数据挖掘技术，为金融机构发展决策和业务开展提供数据支持。其中，组织数据标准是基础，各类安全技术为数据资产治理提供保障，数据中台与数据资产治理相辅相成。

5.2.1 组织数据标准落地是数据资产治理的基础

标准落地是银行数据标准化工作的重要环节，数据标准落地分为在业务和系统两个方面的落地。一是业务管理人员在修订业务制度、管理手册时，要将数据标准在业务层面的要求纳入制度、手册，业务操作人员在进行数据录入、维护操作时，要按照数据标准要求录入数据，从业务源头上保证数据的规范性。二是数据在系统中的落地执行要以业务驱动为原则，结合标准落地的难易程度、实施代价、风险和影响范围等多个方面充分考虑现实情况，根据先易后难原则，拟定标准落地的优先顺序和执行内容。对于新建系统，要严格执行已经发布的数据标准；对于外购系统，在对其他系统提供数据时，应将自身系统数据转化为标准化数据再对外提供。①

标准更新是未来保持数据标准的生命力。数据标准需要根据外部标准、监管制度以及行内业务的发展变化，对标准内容进行动态完善，及时更新和淘汰老化落后标准。

一是落地数据标准并保持更新的"三个不"原则。数据不错：数据高可用（质量可靠、风险可控）。需要重点推进从基线治理到全链路数据风险防控的能力全面升级。数据不重：同一时间、同一口径，一个数据。结合资产架构升级，在资产判重、资产治理以及资产共建共享机制建立上重点突破。数据不漏：用户隐私、数据价值无泄露。重点建设全链路数据血缘实现全域数据应用可追溯，同时基于数据安全引擎实现全链路数据安全能力内置和统一防控，基于数据合规引擎实现数据加工使用环节的用户隐私的风险评估和管理。

二是落地数据标准并保持更新的"三个通"原则。技术通：任意数据可无感计算，实现不同时效的数据流可被混合计算，以及数据生产消费可一体化无缝连接。标准通：统一建模规范、统一资产架构，结合数据资产研发规范，进行统一中间层建设，推广至全域，让数据资产"讲同一种语言"，在全域实现不同资产类别的"先定义后研发"。使用通：安全共享、合规融合，基于新数据研发体系，逐步构建"可信数据架构"，形成统一的数据安全合规管控能力，促进全域数据共享流通。

5.2.2 数据治理安全技术为数据资产治理提供保障

技术的创新应用，有助于提高数据资产治理的安全性，从而更好

---

① 徐涛. 浅谈银行业数据标准管理框架体系［J］. 金融经济，2017（18）：129–130.

地平衡融合应用和安全保护需求。传统数据保密技术的出发点是防止他人未经授权读取数据，着眼于防范，相关技术包括数据加解密、身份认证、访问控制等。事实上，这些技术已较为成熟，可有效保证数据在存储和传输过程中不被意外泄露，但在数据的使用环节普遍存在需将归属方数据原文暴露给其他方的问题。多方计算、联邦学习等支撑技术的出发点，是保证多个数据归属方在融合使用数据的过程中各自数据不被泄露，着眼于让数据有效地融合利用。此外，传统数据保密技术需限制数据的使用以实现数据保密目的，多方计算、联邦学习等支撑技术则致力于使数据在充分保护隐私的前提下仍可以参与计算，助力多个数据归属方的数据可有效实现使用价值，同时兼顾数据的融合应用与安全合规。因此需要通过隐私计算技术来保障数据治理的安全性。"隐私计算"来源于英文翻译Privacy-Preserving Computation或Privacy Enhancing Computation，其"Privacy"一词只是对"不愿公开"一词的简单描述，并不同于法律意义上的"隐私"或"个人隐私"[1]。目前，可用于支撑金融业数据更好融合的隐私计算技术主要有五种，分别是多方计算、联邦学习、数据脱敏、差分隐私和可信计算[2]。

---

[1] CCSA TC601"隐私计算技术法律合规研讨会"。

[2] 中国互联网金融协会金融科技发展与研究专委会，《隐私计算与金融数据融合应用研究》，2021年。

（1）多方计算[①]（Multi-Party Computation，MPC）

①技术介绍

多方计算是密码学领域的一个重要分支，专注于解决数据安全合规融合问题。通过MPC，多个参与方可以协同计算一个以各自数据密文作为输入的指定函数，即使在一方甚至多方被攻击的情况下，仍能保证输入不被意外泄露，并且保证计算结果的正确性和隐私安全（密文输出），从而实现数据"可用而不可见"。通过指定函数，MPC还可管理各方数据的具体用途和用量。在MPC计算过程中，主要特征是其计算因子（参与方之间交互的数据密文）具有随机性和保密性，且生成计算因子的保密性已经过密码学界专业论证，具有较为坚实的理论基础。比如，在MPC应用过程中，即使是相同的输入与函数，每次运行产生的计算因子也是完全不同的，且任何一方提供的计算因子除事先声明的计算价值以外，不包含任何可读取信息；各参与方也无法获取其他参与方提供的计算因子的任何具体信息。MPC的缺点是所需算力较大，计算效率有待进一步提高。

②应用示例

多方计算实现有多种技术机制，如基于秘密共享、基于混淆电路及不经意传输、基于同态加密以及基于公钥技术和半同态加密等。这些机制都是密码学技术的综合运用，是不完全依赖计算环境安全且保证数据可用的高安全级别数学变换。通用的多方计算是采用重载最基本的加法（或者XOR）和乘法（或者AND）运算达成的，然后任何计算逻辑均可

---

① 学术界有时为强调其安全特性，亦称为多方安全计算、安全多方计算、SMPC、SMC等（对应Secure Multi-Party Computation）。本研究从产业化应用角度出发，将基于密码学理论证明的安全性作为其产业化应用的基本前提，不在术语中赘述，而采用更简洁的多方计算，以便各界接受、传播和推广。

通过安全的加法和乘法运算复合而成。

假设A、B、C、D四人年龄分别为25岁、60岁、43岁、38岁。下面以四方基于秘密共享计算平均年龄为例，简要说明安全加法的计算方式。

表2　多方计算示例

发送/接收	A接收	B接收	C接收	D接收
A发送	25-56=-31	5	30	21
B发送	32	60-45=15	11	2
C发送	12	15	43-45=-2	18
D发送	30	-15	9	38-24=14
各自本地求平均	43/4=10.75	20/4=5	48/4=12	55/4=13.75

注：加底纹单元格表示本地计算。

如表2，A、B、C、D各自生成3个随机数[①]，分别发送给其他三个人。比如A分别生成了5、30和21，分别发送给B、C、D。表中白底黑字的数字均为随机数，因此不会泄露任何人的年龄信息给其他人。然后，他们各自在本地用自己的年龄减去自己发送出去的随机数，并将结果与从别人那里收到的随机数求平均值。最后，将所有本地计算的平均值分别发送给需求方求和，即可得所需的最终结果41.5（10.75+5+12+13.75），与使用原始数据计算（25+60+43+38）/4=41.5具有相同的结果。

实践中，上述计算还可类似地由两方安全完成。如每人生成一个随机数，用该随机数把自己年龄切割为两个数，切割结果分别发给事先约定好的两方（如A和B），也同样可以安全得到切割后的两个平均值。通

[①] 在实际系统中，必须使用至少32位的无符号大整数作为随机数。如此，A发送给B的随机数可能变成0100 1001 0100 1110 0011 0100 1001 1110。此处，为易于阅读，采用可口算的带符号小整数示意。

过另外两人辅助（C和D），还可安全地完成乘法运算，进而实现任何计算逻辑。

多方计算在理论上具有图灵完备的优势，但其在工程化上却存在一些实施层面的问题。一是对某些运算而言，其相对明文计算，需要较高的计算成本和更多的计算时间，可能导致在数据量大、计算复杂度高的场景下不实用；二是由于需要多个计算节点间交互通信，可能导致在广域网上部署的多方计算传输带宽要求较高，同时也可能增加网络时延，限制其进一步深入应用。

（2）联邦学习（Federal Learning，FL）

①技术介绍

联邦学习是一种分布式机器学习模式，允许多个参与方协作解决特定的机器学习问题。在此过程中，每个参与方的原始数据存储在本地，不进行交换或传输，取而代之的是交换有限的中间结果，用于进行必需的聚合，以实现机器学习的目标。目前，联邦学习交换的中间结果主要依赖数学变换，尚未经过密码学界依据密码学理论的严密论证，其保密性的理论基础有待进一步验证。因此，对部分重要数据和非互信的参与方，须仔细评估安全风险，并结合其他技术增强保密性。比如，结合可信计算、多方计算等方法来增强联邦学习的保密性，也可利用差分隐私和数据脱敏等方法，通过对所交换的数据添加噪声提升保密性。需要注意的是，联邦学习是专为机器学习训练算法设计和优化的，属于应用层的支撑技术，本章介绍的其他技术方案则更加偏向于底层的通用技术。

②应用示例

以简单的线性回归模型训练为例，取一组由100个人的年龄（X）和月收入（Y）构成的样本，目标是找到最合适的a、b，使得直线y=ax+b

能拟合样本点的分布（见图6）。

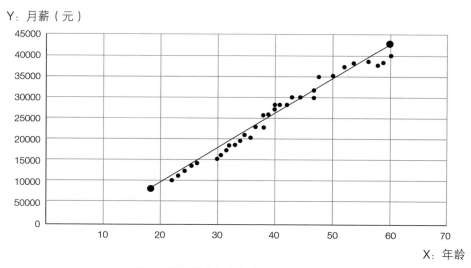

图6　线性拟合年龄与收入关系示意图

　　若数据由一方持有，则模型训练等价于估算a、b，使得点到拟合直线距离之和最小。由于（x，y）为已知样本，则距离之和为a、b的函数，记作$Q（a，b）= \sum_{i=1}^{100}（y_i -（ax_i + b））^2$，可通过随机梯度下降或者最小二乘法求得a和b估值。但对于数据由多方（假设为两方）持有的情况，若不对数据进行融合，则需要两方分别进行模型训练，Q（a，b）也相应地分成Q1（a1，b1）和Q2（a2，b2）两部分，通常双方均无法准确估算出整体最优的a、b。

　　在联邦学习中，双方首先分别用各自的样本数据估算（a1，b1）和（a2，b2），并在此基础上通过加权平均等方法整合求得（a，b），从而实现数据融合应用效果。对于梯度下降法，可能进行多次迭代（即进行多次"本地梯度更新+整合"）。但是，整合过程可能损失部分信息，导致结果在精度上可能不及中心化训练结果。同时，为估算整体的a、b，整合方需获得中间结果（a1，b1）和（a2，b2），而中间结果与样本数据和结果模型均为普通数据关系，存在向整合者泄露数据原文和向其他计算参与方泄露最终模型的风险。

（3）数据脱敏（Data Masking，DM）

①技术介绍

数据脱敏是在数据从原始环境向目标环境交换涉及敏感数据的过程中，通过一定的规则对数据进行变形、屏蔽或仿真处理，消除其在原始环境中的敏感信息（特别是个人身份信息），并保留目标环境所需的数据特征或内容的数据处理技术。数据脱敏技术的优势是实现相对简单、计算高效，但也有两个主要的不足之处：一是数据脱敏技术往往需要根据需求场景进行定制，而一般性的数据脱敏方法，要么可能因为信息损失过多变得不可用，要么容易受到各种侧信道攻击或者撞库攻击，造成脱敏信息被恢复。也就是说，"脱"多了会影响数据的使用价值，"脱"少了可能会暴露数据隐私。二是脱敏后的数据一旦对外提供，则同样无法限定其用途及限制其被再次传播。

②应用示例

在表3中，对姓名、卡号的部分位置用"*"取代就是一种简单的数据脱敏方式。

表 3 数据脱敏示例

数据	姓名	卡号	年龄	月薪
数据原文	李小华	6222020200225594689	32	21000
脱敏数据	李**	6222***********4689	32	21000

显然，通过脱敏后的数据无法还原出数据原文，具有不可逆性，不再能查询到"李小华"的个人薪资，但提供缴费、支付等业务的第三方

企业，依然可以结合其已有的银行卡尾数和姓氏（这些额外的信息称为侧信道），通过关联获得用户的准确薪资。

（4）差分隐私（Differential Privacy，DP）

①技术介绍

差分隐私是一种严格的隐私定义，其主要理念是通过分析单个数据是否存在于数据库内对于计算结果整体影响的差距，可以判断该数据集是否会在统计意义上泄露单个数据条目的信息。换言之，对于任意单条记录，如果其对于输出结果的影响可以忽略，那么攻击者就无法从结果判断该条记录是否存在于数据库中，从而实现该数据的保护。实现差分隐私的机制主要是添加各种形式的噪声，如拉普拉斯噪声和指数噪声等。但是，加入噪声会导致运算结果准确度下降，且随着运算次数的增加，不同数据集的差别会越来越显著，从而增加隐私泄露的风险，同时降低结果的可信程度。具体地，添加噪声的多少与数据集本身的统计规律和进行的计算有关系（通常称为数据的"敏感性"），在部分应用场景可能无法兼顾添加满足差分隐私要求的噪声和保证数据实用价值。

②应用示例

假设某发热门诊数据库包含如表4所示的N条患者信息，并对外提供公共统计查询功能，如某种病的患者数等。

表4　差分隐私保护示例

序号	姓名	性别	疾病	登记时间
1	Alice	女	新冠肺炎	2020.01.13
2	Bob	男	甲型流感	2020.01.15
3	Carol	女	普通感冒	2020.02.10
…	…	…	…	…
N	Nilson	男	新冠肺炎	2020.02.27

若某查询者知道2月27日某男性Nilson去了该发热门诊，且该发热门诊当天仅接诊了一名男性病患，便可以通过两次查询获知其是否患了新冠肺炎：第一次查询2020年2月27日之前的新冠男性患者数量为108，第二次查询全部记录中的新冠男性患者数量109，则可以推测出Nilson是第109名新冠肺炎患者。

为防止此类隐私泄露情况，差分隐私技术对每次统计查询的结果增加噪声，使得结果出现些许波动，同时将对总体统计结果的影响控制在可接受范围内。比如，在上例中第一次可能返回120，第二次可能120、108或121。由于结果具有随机性，查询者便无从判断Nilson是否为新冠患者了。实践中，该方式是一柄"双刃剑"，比如，在实施差分隐私保护之后，社区、政府也将无法通过此查询接口准确追踪新冠病人并实施隔离，数据可用性有所降低。此外，确定合理的噪声添加方式也具有一定难度。在上例中，噪声量的大小与当日就诊的男性患者数量以及查询者使用的具体查询方式都有关系。此类基于数据特性的噪声，在实际中存在一定的安全隐患。

（5）可信计算（Trusted Computing，TC）

①技术介绍

可信计算是一项由可信计算组织（Trusted Computation Group，TCG）推动和开发的，通过硬件增强和软件配套提高计算机系统整体安全性的技术和方案的统称。其中，可信执行环境（TEE）是一种实现可信计算环境的硬件技术，用于解决数据融合过程中的机密性问题，较具代表性的包括Intel SGX（Software Guard Extensio）和ARM Trust Zone。根据国际标准组织Global Platform制定的相关标准，可信执行环境是DRAM内存中的一个安全区域，数据在该内存区域中加密存储，访问权限受主处理器的保护，以此提供已验证代码（受信任的应

用程序，TA）安全执行的保障，而仅在数据加载到处理器中时才进行
解密，从而确保敏感数据在一个隔离和可信的环境中存储、处理和保
护（该环境通常被称为"飞地"）。由于上述数据保护是运行在芯片层
级，可抵御恶意的操作系统所进行的软件攻击。在数据融合的应用中，
通过在其他数据提供方或者第三方的系统上建立自己信任的"飞地"，
数据提供方可以相信自身数据在计算过程中没有被恶意系统盗取。

可信执行环境的质疑者则认为，可信执行环境给了硬件芯片设计者
过多的权利和控制，关于安全的可信性主要建立在对其技术和硬件提供
方的信任基础之上，但提供方的技术似乎并不总是值得信赖。此外，
基于可信执行环境的应用程序还面临实现工程量较高等问题。许多研
究者认为，CPU硬件安全的实现与过去数十年芯片专注于性能提升并不
兼容，短期内也较难实现。事实上，目前已有关于可信CPU本身工程实
现中存在侧信道攻击漏洞的报道。比如，2018年SGX曾被曝光Meltdown、
Spectre、Foreshadow三个漏洞，2019年又被曝光关于SDK的安全漏洞。

②应用示例

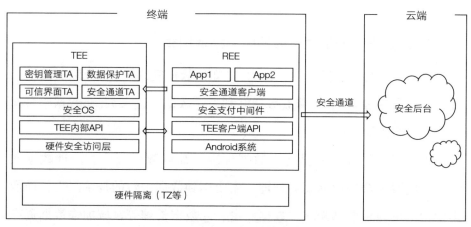

图7 基于TEE的移动支付技术原理

首先，支付App的核心逻辑（如支付PIN码输入、支付报文生成等逻辑）已置于TEE内部（信任根已在TEE出厂时内置），需求交互和呈现逻辑则运行在不可信的操作系统环境中，操作系统和TEE由硬件提供隔离。其次，移动终端在与云端建立连接的时候，会通过远程认证（类似PKI认证）对TEE的身份和完整性进行验证，并建立安全通道，类似基于密码硬件建立的SSL/TLS通道。最后，置于TEE的可信界面保证了用户输入的支付PIN码（以及指纹或面部特征）会直接通过输入硬件达到TEE内部完成支付报文，经安全通道发回给云端进行验证并完成支付。

可见，整个过程的保密性完全依赖TEE环境中数据存储和受信任的应用程序（TA）执行的保密性，其安全漏洞或后门会导致整体支付安全失灵。反之，即使安全通道所借助的操作系统中的安全通道客户端受到攻击，安全通道TA与云端之间端到端的验证机制也能保证通道信息不被泄露。值得注意的是，操作系统、客户的API与TEE内部API之间的通道是不受保护的，如果终端设备不提供输入硬件与TEE可信界面可靠连接，则支付PIN码和指纹（或面部特征）信息可能在进入TEE之前被截获。

5.2.3 数据资产治理与数据中台相辅相成

数据是银行业务发展的原动力，"守住数据底线（SLA保障、成本治理、安全合规等）"和"释放数据红利（让数据通起来）"是数据中台建设的指导原则。

数据资产治理本质是建立数据标准、盘点数据资产、治理数据质量。实施数据全生命周期的管理，需要用到数据中台的技术能力，而数据中台则可通过数据需求、数据质量、元数据管理等领域加强数据资产治理，二者相辅相成，互相促进。

保证数据资产治理全覆盖、可持续和有效性，依赖科学长效的数据资产治理平台能力，我们把平台能力建设的关键思路总结为两条：让治理融入研发，用数据治理数据。

数据资产治理融入数据中台的研发之中，在数据中台研发中植入数据研发规范，保障数据架构持续健康。以基础技术变革驱动数据资产治理的新模式，主要体现在两个方面：一是基于统一存储、开放计算的新一代数据技术基础架构，优化数据存储成本；二是基于资产虚拟化的新一代数据研发模式，所有存储将以全局最优的方式被物化，数据资产治理对于用户将越来越透明和智能。

数据资产治理，可有效实现对数据中台的数据建立起跨系统的数据质量检核机制，强化数据的质量管控能力。数据中台的数据质量问题，不仅取决于源头系统及外部数据的数据质量，还取决于采集、加工、存储、生成与应用整个数据生命周期的数据处理流程的准确程度。因此，若通过数据资产治理，加强了数据质量的管理，则能有效地改善数据中台的数据质量问题。

随着数据中台各种来源数据增多，数据应用越来越丰富，数据处理过程也必然会越来越复杂。在各种数据中，如何聚焦业务关注的数据内容、使用方式以及未来应用趋势，对于数据中台的架构演变、模型设计以及数据资产治理等活动来说，将变得越来越重要。而数据资产治理则可以有效地识别数据、评价数据、管理数据。通过与数据中台配合，可充分发挥数据中台对数据的"采、存、用"能力和数据资产治理工具对数据的"管"的能力，打通对数据的"采、存、管、用"四种数据能力。

5.3 ｜ 数据资产治理与第三方合作的关系

数据资产治理不仅是银行内部的管理需要，在数据监管和跨机构合作的要求下，银行需要妥善处理数据资产治理工作中的第三方协作关系。借助第三方咨询机构，银行能够打开战略视野，了解理论前沿，对标最佳实践；与合作机构协同开展数据资产治理，可实现合作共赢；借助供应商的技术储备，可快速建立数据管理系统，降低技术门槛；接受第三方对数据资产治理工作的独立审计和整改意见，可辅助提高合规水平。

5.3.1 第三方数据源采购、共享与运营

随着商业银行等金融机构的数字化转型向纵深发展，商业银行在获客、交叉营销和授信等各类业务活动中与外部数据源的合作越发广泛。具体来说，银行价值链上的所有环节都能够通过数据赋能获得提升。在产品研发领域，数据能够支撑市场细分和协助定价，推动金融产品创新；在产品营销方面，数据能够帮助扩大银行的潜在客户资源池，实现标签化的精准营销和交叉销售；在风险控制方面，数据可以支撑银行的风险加总，提升银行的风控能力和盈利水平；在客户服务方面，数据可以改善银行的客户服务，提升银行的客群满意度和高净值客户转化率。外部数据源主要包括第三方数据供应商、数据共享和联合运营三种模式。

数据采购是商业银行获取外部数据的最常用模式。银行可通过专业第三方数据供应商（如汤森路透、万得）或权威数据发布机构（法院、

海关、人行征信、地方大数据局等）的API接口获取数据，按照使用情况付费。数据共享也是常见的数据合作模式。该模式下商业银行的机密信息及客户隐私较容易在缺乏审核的情况下离开行内系统，不易追溯和控制。联合运营是助贷业务模式中广泛使用的数据策略。助贷机构可以依据数据和场景优势，参与到商业银行获客引流或服务分销等业务环节中；商业银行之间借助加密技术完成各类业务数据挖掘模型的建模，能够在"数据不出门"的情况下获取超出银行数据范围的分析结果。

来源丰富、高度复杂的外部数据，已是当前商业银行数字化展业所必需之"食粮"，但不可忽视其中往往存在较高的数据安全、个人信息隐私保护合规性风险。商业银行需进行严格筛查，确保数据处理活动严格遵守合法、正当及必要原则。

金融机构数据具有较强的外部性，如商业银行日常业务增长范畴的数据对本身提高发展效益具有最大意义，但其中属于个人隐私范畴的数据对个人意义重大，一旦滥用既是违法也是对个人权益的侵害；属于涉外金融与贸易范畴的数据对国家外交、外汇管理等有重大意义，管理运用不当可能危及国家安全。由于商业银行外部数据来源广泛、形式多样、标准不一，在商业银行全域的数据融合应用中存在着不安全、不可靠、不好用等现象。

第一，外部数据源的安全性及合法性管理不足。2021年，我国正式发布《中华人民共和国数据安全法》《中华人民共和国个人信息保护法》《信息安全技术　个人信息安全规范》（GB/T 35273—2020）《个人金融信息保护技术规范》（JR/T 0171—2020），为备受关注的数据安全、个人金融信息安全及权益保护领域在法律层面和技术操作层面提出更严苛的要求、更清晰的规范。在与第三方数据交互安全管理方面，一是要求共享数据时，需要对数据接收方的背景资质及数据安全能力进行审查，涉及个人信息或重要数据时，依法开展安全评估；二是要求接收数据时，对数据来源合规性进行评估；三是要求完善与第三方签署的数据安全协议条款。当前实践中，商业银行存在不同程度的外部数据采购、使用、交换共享的合规性问题。首先，缺少对外部数据源和数据供应商的合理评估及尽职调查；其次，数据安全协议条款的设定不充分、不严谨甚至没有签署相关协议的情况也屡见不鲜；最后，在外部数据引入使用后，也少有进行持续跟踪与及时评估。

第二，内外部数据标准不统一，融合应用困难。由于外部数据来源及类型复杂，且前期实践中往往又存在多个业务部门各自接入外部数据的情况，建立统一的内外部数据标准面临严峻挑战。实践中，银行往往只制定了外部数据接口类的技术标准，未进行有效的外部数据标准化，此外数据人员标准意识往往较为淡薄，因此标准不统一、不规范导致的数据合规风险较大。

5.3.2 第三方数据咨询服务

商业银行数据治理及融合应用工作是一项持续进行的复杂工程，外部咨询服务以第三方立场评估数据治理现状、问题及相比业内领先实践的差距，更具有客观性、系统性及专业性，因此商业银行采购数据咨询服务已成普遍实践。由于经营性质、展业区域和主营业务上的差异，银行在开展咨询服务的采购时还应考虑自身的经营特点，不应简单照搬领先实践。引入第三方咨询服务前，银行应对委托开展数据资产治理工作的业务目标开展充分的研讨，确保组织内部对项目中要解决的具体问题达成一致认识，避免咨询服务在工作内容承诺方面过度扩展，项目范围频繁变更，影响交付质量。

目前，如德勤、普华永道、安永等知名咨询机构的数据治理专项咨询服务已经形成了成熟的咨询框架及流程。数据治理咨询服务内容总体可以分为：一是对数据治理框架、功能模块进行拆解及宣传，使商业银行系统性地了解数据治理工作；二是梳理业务运营及当前系统建设的现状、痛点及期望；三是针对不合理的部门职责、数据架构、主数据管理、IT开发流程、技术标准、服务模式等给出整改建议；四是根据商业银行个性化需求，将整改建议融入数据治理模块，最终形成整体数据治理方案。在分工上，商业银行在与咨询服务机构合作时应履行信息科技管理的主体责任，承担架构、项目管理方面的核心职责，外部咨询机构主要负责项目内容规划，实施方案和路线图设计方面的具体工作。

通常在商业银行所采购的数据咨询服务尤其是数据治理规划咨询过程中，咨询公司提供完整的方法论，主导整个咨询项目的全过程。但实际上，数据治理咨询机构的咨询顾问大多并没有真正地接触过商业银行数据治理一线实践，对于所要服务的银行可能存在"刻板印象"，而按照数据治理咨询的"常规套路"提供咨询服务也增加了数据治理咨询不实用、不适用的风险。此外，不同的数据治理咨询机构及其各个项目团队的咨询水平能力存在参差不齐的现象，也增加了对商业银行数据监管合规辅导不足所导致的合规风险。在咨询服务成效的评估上，应坚持落地优先的原则。政策、制度以及高阶方案不能简单地停留在纸面上，在咨询项目实施的过程中往往需要借助行内的交叉项目或重大事项对数据资产治理的各项机制进行验证和落地，确保方案可行。在咨询方离场后需逐步完善长效的管理机制，持续培养和推广全行数据文化。

5.3.3 第三方数据技术使用与合作

商业银行数据治理、分析、融合与价值应用工作周期长、复杂程度高，部分银行自身经常面临组织体系滞后、专业人才不足、能力薄弱等短板，与数据技术服务商合作进行技术攻关已是公认的破局之道。数据技术服务商对于数据处理及应用的各个细分领域存在专业优势。

一是技术研发、数据共享以及数据分析挖掘。在关于数据分析与应用的诸多方面，商业银行与技术第三方展开深度合作，探索数据应用与服务模式的更高效率实现路径，创新数据应用与服务场景。二是数据平台系统建设、实施及运维。当前国内具有代表性的大数据平台技术方案供应商，借助其专业的技术能力来落地建设符合银行数据治理现状的各类数据平台，已是大多数商业银行的选择。三是互联网云服务。通过购买外部技术厂商的数据治理云服务并开展本地化部署，能够帮助银行在满足"数据不出门"的监管要求下快速获得行业领先的数据管理能力。例如，针对商业银行在元数据、数据质量和数据安全管理方面的需求，某云服务平台提供Dataworks、Dataphin和MaxCompute等云服务产品。

同时，在数据技术采购及平台建设合作过程中，商业银行需要明确以下可能存在的合规问题。

一是供应商选择。无论决定与哪个技术合作或外包服务供应商合作，都具有选择不当的风险，数据技术平台供应商在建设平台过程中，存在窃取商业银行重要数据及商业机密的道德风险，造成银行显性损失和安全隐患。此外，供应商在数据治理不同领域的专长有所侧重，其方法论及团队工作文化也可能与商业银行存在不匹配的问题。商业银行需认真遵循银行内部所制定的技术外包管理制度、合作管理制度等。

二是数据工具平台建设。对于高度重视管理机制的数据治理而言，平台及工具软件本质上是先进管理思想的沉淀和输出，因此工具发挥作用的前提在于该商业银行的基础数据治理架构已经有效构建，这时提出的数据治理技术合作需求才是靠谱的，建设的数据平台工具才是可常态运行的。因此，先梳理数据治理组织机制、流程、制度及标准工作，分阶段、分步骤建设平台工具，往往是比较稳妥的技术合作路径。

三是数据治理场景及理念。如商业银行决定在数据治理工作伊始就全面引入数据治理工具平台，则需要仔细评价这些工具功能背后是否真的能够支撑本行最为核心的数据治理场景及治理理念。更本质上，商业银行应重新审视上述数据治理场景和理念是否已经得到较好的实践证明适用于本行等问题。

与第三方以技术合作的方式开展数据资产治理技术平台的建设能够利用专业厂商的技术资源拓展银行能力，控制自主研发的资源和时间投入，是商业银行建设数据资产治理技术平台采用的主流方案，具体主要有三种合作方式。

（1）商业软件产品

早期的数据平台开发工具Informatica、IBM infosphere套件都提供了数据资产治理的组件。在目前的大数据生态下，星环等厂商发行版套件中也包含Transwap Guardian、Catalog、Sven等组件，能够在商业银行数据集成中完成一部分数据资产治理的工作。商业银行级软件提供了从交易数据库到多源异构大数据平台的丰富选择，银行可以按需购买相应的软件包，建立行业水准的标准化数据管理能力。

（2）系统实施服务

基于开源的软件包或对拥有源代码的商业软件进行改造，借助厂商的服务能力逐步建设符合银行管理现状的数据管理技术平台是大多数商业银行的选择。在这种方案下，银行需要警惕对软件的过度定制，明确系统功能边界，优先优化目前的内部管理流程。在成熟软件与软件定制方案之间，银行需要谨慎地评估选择。

（3）互联网云服务

过去十年，互联网浪潮的兴起为银行数字化转型提供了全新的参考，通过购买互联网的数据资产治理云服务并开展本地化部署，能够确保银行在满足"数据不出门"的监管要求下快速获得行业领先的数据管理能力。例如，阿里云将支付宝ODPS大数据平台建设成果发布为云服务dataworks、dataphin和maxcompute产品，能够满足大多数商业银行在元数据、数据质量和数据安全管理方面的需求。

在数据管理范围之外，外部技术合作方对于数据的处理与应用的细分领域存在优势，商业银行可以结合自身的数据战略，在技术研发、数据共享以及数据分析挖掘等方面与技术第三方展开深度合作，不断探索数据应用与服务模式，创新数据应用与服务场景，服务银行业务的发展。

展望篇

06

金融数据资产

账户、估值与治理

新时代促进数据资产价值高质量释放

从一般的字符记录到与土地、资本、劳动力等生产要素并驾齐驱的生产资料，数据资产已经成为关键基础性战略资源，这个趋势的背后是中国经济的数字化转型。本书聚焦金融机构数据资产的价值实现这一新兴前沿领域，在理论层面透析"一类要素"，从数据资产的前置法律条件和会计标准出发，对标企业资产的核心属性，明确数据资产内涵及其形成机制，探索数据资产规范使用的理论基础、技术保障和法律支撑。在实践层面比较"二张表格"，即资金的资产负债表与数据的资产负债表，前瞻性探讨其核心功能、体系架构和评估标准。在基础设施层面聚焦"三个体系"，从数据资产账户、数据资产估值与数据治理三个体系的建立和完善，比较分析大、中、小、新不同金融机构数据资产的价值实现路径。

数据资产作为生产要素参与市场分配目前已经上升至国家战略，加快数据要素流通交易、促进数据资产价值释放、推动数据要素市场健康稳健发展，已经成为数字中国建设的关键环节。在数字中国建设新时代背景下，要围绕数据资产账户、数据资产估值与数据治理三个体系，立足金融业数据资产安全合规应用，加强与云计算、大数据、人工智能、区块链、5G等新兴技术的融合应用，从算力、算法、模型、安全等方面综合推进金融业数据资产的高质量应用与发展。

6.1 ｜ 强化数据资产管理，
培育数据资产账户体系

6.1.1 提升自动化、智能化的数据资产管理能力

在金融机构层面，需要培育建立统一的数据资产账户体系，从顶层设计数据资产应用的整体规划，逐步实现数据资产对业务的全面赋能，从而使金融机构从数据资产中获取最大化收益。在金融机构加强数据资产管理的过程中，通过全面推进数据资产管理体系，打通底层数据为业务赋能，提升银行、保险机构的数据分析及用数能力，从而实现数据资产管理的全面化和精细化。

在数据资产账户满足业务功能需求的基础上，进一步探索与建立对于海量数据资产元数据的自动化、智能化的运用能力。要强化数据基础平台底层设计，实现数据资产相关的各类元数据自动收集与整合，包括但不限于数据模型相关的业务元数据、技术元数据、管理元数据、数据质量轮廓、数据分布、数据标准、数据血缘链路、数据访问热度等。[①]在元数据自动化收集的基础上，引入知识图谱解决方案，构建整个金融机构的数据资产骨架图谱。其智能化的应用场景包括但不限于数据资产智能目录、数据资产智能标签、数据资产智能分级分类、数据资产质量

[①] 潘光伟. 提升数据治理能力 构筑共治共享行业新生态 [J]. 中国银行业，2019
（12）：16–19.

智能预警、数据资产智能推荐、数据资产智能评价等。①

6.1.2 建立金融机构数据资产账户配套规范标准

金融机构要构建完善、统一的数据资产管控架构，以便对数据资产进行管理，在遵循成本与效率原则的前提下，聚焦核心市场、业务与资源，内部各部门、中心要协同开展数据资产盘点、价值评估和运营流通等工作。此外，在"数据资源管理"向"数据资产管理"转变的过程中，还需要从管理队伍、业务部门和风险部门出发，确保数据资产管理的常态化、规范化和安全化。

金融机构要建立数据资产账户管理相关规范，明确在数据资产交易过程中的职责。依据数据的资产属性，明确数据资产交易中的各参与主体，依据数据资产管理的目标，厘清各参与主体在数据资产交易过程中的权利和义务，为建立数据资产账户的标准、业务操作规范、风险控制等奠定基本制度基础。根据金融机构在数据资产交易过程中的职责，建立银行数据资产账户管理、风险控制要求与规范。在明确金融机构在数据资产交易中的职责的基础上，分别从执业标准、业务规范、风险管理等层面制定相应的业务规则，构建完整的数据资产账户管理规则。同时，要建立数据资产账户与个人资金账户的对应关系，规范数据资产账户对数据资产的交易核算规则。通过数据资产账户与结算账户进行绑定的方式，实现数据资产实名制管理要求，建立数据资产账户与个人资金账户的交易规则，制定相应的账户管理规范和交易核算规则。

---

① 普华永道，《从生产资料到生产力商业银行数据资产及业务价值实现白皮书》，2021年。

6.2 | 增加数据资产有效供给，构建数据资产估值体系

6.2.1 调动数据资产生产积极性，增加有效数据供给量

金融机构要将数据资产经营管理目标列入各部门、各条线的发展战略规划。要将数据资产的管理与经营目标纳入银行章程和发展战略规划当中，作为新型资产管理与扩大资产规模增加盈利渠道的突破口。要将数据资产的管理提升至其他生产资料的同等地位。[①]同时要将数据资产的经营规划与经营管理计划紧密结合起来，要有目标、有考核、有奖惩，在发展初期为了鼓励各方面重视数据资产管理与经营的积极性，还要适当提升在各项考核中的权重，加大资源的配置力度。

进一步，要将数据资产的保值与增值列入经营与考核指标。金融机构应当将数据资产的经营管理、保值与增值列为具体的工作职责，根据各个部门性质、工作岗位的特点、数据来源等，核定各个部门和岗位的数据资产经营与管理的责任，制定数据资产的管理标准，从而不断提高全社会数据资产的供给量。要做好数据资产的清洗、整理与优化工作，不断对数据资产进行深度加工，根据经营需求，提供结构优化的、有品质的数据资产，为宏观经济发展、决策提供帮助。

---

① 刘静芳. 银行数字化转型的关键是提升数据要素价值创造力［J］. 清华金融评论，2021（5）：20-22.

6.2.2 建立标准化的估值机制，合理评估数据资产价值

数据交易市场中的信息不断透明化、公开化，能够维护市场中各方利益，使得交易成本减少、交易量增加，有效的数据市场能创造更多价值。金融机构要建立以供求关系为基础、以数据价值波动为考量的标准化定价机制，以传统资产估值方法的技术原理和流程作为参照，针对数据资产的特征进行适当调整，在当前的数据资产估值定价过程中进行阶段性的运用。同时要持续进行数字化技术运用的探索，在底层逻辑、基础设施和运行流程等方面按照数字化的要求来进行设计和构建，将大数据、云计算、区块链和人工智能等数字化技术科学地嵌入数据资产估值定价体制机制之中。

同时，数据资产的估值定价机制既要满足当前形成数据资产国内大循环体系的需要，也要考虑对接全球数据资产市场和吸引境外市场主体，对境外数据资产供需主体利用中国数据资产估值定价体系持开放态度，预留国际接口和通道，在技术标准制定、交易报价机制、市场管理方式等方面以形成国际通行标准为原则，在推进数据资产市场开放的同时，加强与其他国家金融机构的全面合作，做好数据资产跨境流通的风险管理工作，推动建立数据资产市场全球管理机构，构建内外循环协同机制，营造开放共享生态体系。

6.3 ｜ 提升数据资产质量，完善数据资产治理体系

6.3.1 建立数据治理战略布局与架构

一方面，金融机构需要清晰、完善的数据治理战略布局，该战略将包括数据治理框架中每个组成部分的目标，从而形成一个综合实施路线图。具体来说，一是数据治理战略布局应由业务、数据和技术部门协同定制，并在组织内分享。二是数据治理战略布局应与高层组织目标相一致。三是数据治理战略布局应涉及数据治理各组成部分的核心战略概念。四是批准数据治理战略需要一个机制和治理结构，为该战略提供授权。五是数据治理战略布局的可执行性应该由组织的内部审计部门进行评估。

另一方面，金融机构需要建立健全职责边界清晰的数据治理架构，明确董事会、监事会、高级管理层和相关部门的职责分工，建立多层次、相互衔接的运行机制，将数据治理纳入银行发展战略，科学规划数据治理发展路线图和实施计划；确定并授权归口管理部门牵头负责实施数据治理体系建设，制定科学有效的数据管理制度，保障数据治理工作有效推进。[①]

[①] 银行业应加快建立数据治理架构［N］. 农村金融时报，http://epaper.zhgnj.com/Html/2019-12-09/34547.html, 2019-12-09.

6.3.2 完善数据治理平台和运营体系

数据从业务中产生，在数据管理各项系统中落地的特性，决定了数据治理工作必须依托科学高效的数据治理硬件系统建设，最终充分融入业务运营，服务业务运营。因此，金融机构应在内部建立数据治理工具/平台的整体规划，使得机构相关部门均能参照执行，利用科技赋能数据治理，通过区块链、多方安全计算、共享学习等技术方案提升数据安全、用户隐私保护、数据共享合规等数据治理能力。[①]金融机构可通过EB（储存单位）级分布式海量数据云存储、云计算能力。通过实施数据湖和云上数据仓库等项目，实时采集和整合前台系统产生的全量数据，实现数据在单一云平台的共享应用，打破传统的竖井式数据应用模式。

此外，为支撑数据资产从架构设计、质量管理到数据分析应用的全生命周期管理，需要建立一个数据运营流程，明确关键活动、角色，以及与周边组织的协作关系。应对工具平台本身的运营效果进行持续的监控，在全行范围内不同部门和业务领域的数据进行整合，根据最新技术的发展方向，对数据治理相关工具进行不断迭代和升级。

[①] 许健，王彦博，张杭川. 以数据治理赋能银行金融科技［J］. 银行家，2018（7）：73-75.

6.4 ｜ 夯实数据资产应用技术，推动数据资产融合进程

6.4.1 立足数据资产安全，夯实数据资产应用技术

金融机构要立足金融业数据资产安全合规融合需求，结合多方计算、联邦学习、数据脱敏、差分隐私、可信计算等支撑技术的特点和优势，加强与云计算、大数据、人工智能、区块链、5G等技术的融合应用，从算力、算法、模型、传输、安全等方面综合推进金融业数据资产更加安全高效地融合应用。另外，商业银行等金融机构除技术本身外，还应该加强对产品架构的考量，打造支持中心化监管的技术产品，实现易审计、易监管的安全数据流通。

同时，金融机构要加深对各项数据融合支撑技术的理解。考量金融业数据资产融合的合法合规性，需兼顾金融业务和数据资产处理两个维度，满足金融监管对数据资产处理结果可用性等方面的要求以及通用法律法规对数据处理过程的相关要求。其中，采用多方计算等支撑技术进行数据资产融合的合规性，不仅取决于被处理个人信息的性质以及经主体同意的处理范围和目的，还需考量是否满足最小化、必要性、合法性等原则。推动完善相关法律法规，应加深对各项支撑技术以及产品架构的理解，包括技术实现原理、截获各中间数据以还原出原始数据的难度，以及产品架构引致的潜在数据滥用风险。

6.4.2 提升数据资产使用效率，合规推进数据资产融合应用

金融机构因提供金融产品及服务、展开经营管理等活动，需要在机构内部不同部门之间、本机构与外部机构之间，进行多源或多主体的数据汇集、整合等，所以数据共享能力是金融机构数据治理中尤为重要的一环，其建设与应用将促进金融机构提升智能服务能力，有利于帮助金融机构迅速适应市场多变的需求，提升其核心竞争力。银行应建设完善数据共享平台、发展数据共享技术，自主研发数据共享的自动化工具，破解数据隔离管理带来的数据利用效率低下的问题。

同时，要紧密跟踪行业重点、热点、难点问题，以促合规、防风险、谋发展为目标，聚焦风险防范、场景挖掘、经验共享等行业共性需求，及时形成并发布书面报告等成果供行业参考借鉴，助力数据安全合规融合规范健康发展。在金融监管部门的指导下，立足金融业数据治理及基础平台建设等方面的需要，以加强金融消费者权益保护、便利行业交流合作、促进数据安全合规融合应用为重点，进一步推进数据格式、数据授权协议、各项支撑技术金融应用等标准规范研制，研究加强与交通、医疗、教育等领域数据标准的协调性，更好地发挥标准引领作用。

【参考文献】

［1］　陈光. 大数据发展新趋势［J］. 中国建设信息化，2015（19）：66-68.

［2］　陈永伟. 数据产权应划归平台企业还是消费者？［J］. 财经问题研究，2018（2）：7-9.

［3］　费方域，闵自信. 数字经济时代数据性质，产权和竞争：大数据经济学视域下的竞争政策［J］. 财经问题研究，2018（2）：3-7.

［4］　付岱山. 流动性过剩背景下的中国虚拟经济研究［J］. 沈阳工业大学学报（社会科学版），2011（4）：5-13.

［5］　高富平. 信息财产：数字内容产业的法律基础［M］. 北京：法律出版社，2009.

［6］　何海锋，张彧通，刘元兴. 数字经济时代的数据资产［J］. 新经济导刊，2018（12）：60-64.

［7］　纪程瑶，刘云. 全球法人机构识别编码（LEI）相关问题研究及上金所实践［J］. 海南金融，2020（7）：70-75.

［8］　靳万一. 试用固定资产的会计与税务处理［J］. 注册税务师，2015（1）：48-49.

［9］　李东荣. 全面贯彻新发展理念　加快金融业数字化转型［J］. 中国金融家，2021（Z1）.

［10］李东荣. 从金融电子化到数字化金融［J］. 中国金融，2018（23）：35-37.

［11］李礼辉，肖翔，刘绪光等.区块链技术在金融领域应用调查研究［J］.清华金融评论,2019（11）:95-99.

［12］李然辉. 数据资产价值评估模型的理论研究与技术实现探讨［EB/OL］，2018.

［13］李跃. 金融机构利用数字化手段助力经济复苏［EB/OL］. https://baijiahao.baidu.com/s?id=1685761197923825449&wfr=spider&for=pc，2020-12-12.

［14］刘凡，王冠男，高鹏洋，魏等. 顺应金融市场双向开放　推动LEI编码广泛应用［J］. 金融电子化，2018（10）：15-17.

［15］刘新海，安光勇. 数字经济下韩国个人征信立法的最新推进［J］. 中国信用，2020（8）：117-119.

［16］刘新海，安光勇. 数字经济下个人信息保护的挑战和应对——基于本人数据管理的新思路［J］. 清华金融评论，2021（3）：95-96.

［17］刘绪光，王田一. 大数据在保险业的应用及其对保险监管的影响［J］. 保险理论与实践，2016（11）：94-102.

［18］刘绪光，肖翔. 金融科技影响金融市场的路径、方式及应对策略［J］. 金融发展研究，2019（12）：79-82.

［19］刘绪光，李根，田镧沁. 金融监管沙箱的国际实践比较与效果评估——基于制度均衡的分析视角［J］. 清华金融评论，2020（2）：96-98.

［20］刘绪光，郑旭，方晓月. 数据资产、数据资产账户与数据交易流

转机制［J］. 银行家，2020（11）：111-114.

［21］ 陆岷峰，欧阳文杰. 数据要素市场化与数据资产估值与定价的体制机制研究［J］. 新疆社会科学，2021（1）：43-53，168.

［22］ 罗瀚靖. 大数据时代下金融业的状态与发展趋势研究［J］. 金融经济，2017（22）：51-53.

［23］ 牛建军，汤志贤. 韩国个人信息保护机制实践［J］. 中国金融，2021（9）：90-92.

［24］ 普华永道，《从生产资料到生产力商业银行数据资产及业务价值实现白皮书》，2021。

［25］ 普华永道，《数据资产化前瞻性研究白皮书》，2021。

［26］ 戚聿东，李颖. 新经济与规制改革［J］. 中国工业经济，2018（3）：5-23.

［27］ 上海德勤资产评估有限公司，阿里研究院，《数据资产化之路——数据资产的估值与行业实践》，2019。

［28］ 史宇航. 数据交易法律问题研究［D］. 上海交通大学，2017.

［29］ 宋慧中，吴丰光. 韩国《信用信息使用及保护法》修订的背景、内容及对我国的启示［J］. 征信，2020，38（11）：70-73.

［30］ 王汉生. 数据资产论［J］. 经济理论与经济管理，2019（6）：113.

［31］ 王嘉旖. 数据交易让数据从"资源"变身"资产"［N］. 文汇报，2020-01-05（004）.

［32］ 魏再晨. 银行业应加快建立数据治理架构［N］. 农村金融时报，2019-12-09.

［33］ 吴秋玉. 数据资产的风险定价模型［D］. 大连理工大学，2018.

［34］习近平总书记在中共中央政治局第三十四次集体学习时强调　把握数字经济发展趋势和规律　推动我国数字经济健康发展［N］. 新华网，2021-10-19.

［35］熊巧琴，汤珂. 数据要素的界权、交易和定价研究进展［J］. 经济学动态，2021（2）：143-158.

［36］徐涛. 浅谈银行业数据标准管理框架体系［J］. 金融经济，2017（18）：129-130.

［37］闫邹先，尚秋芬. 数字资产表的定位与基本框架研究［C］. 新时代经济高质量发展下的会计创新——中国会计学会高等工科院校分会第25届年会（2018）论文集，2018.

［38］杨农. 商业银行数字化转型的战略选择［J］. 金融电子化，2019（12）：15-17.

［39］杨农. 数字经济下数据要素市场化配置研究［J］. 当代金融家，2021（4）：118-120.

［40］杨农，刘绪光. 券商视角下资管科技的创新及展望［J］. 金融电子化，2021（5）：40-42.

［41］杨农，刘绪光. 对网络平台垄断问题的认识［J］. 中国金融，2021（18）：51-52.

［42］张雯华. LEI发展之路——全球金融危机后的监管重建［J］. 金融博览，2016（5）：56-57.

［43］中国互联网金融协会金融科技发展与研究专委会，《隐私计算与金融数据融合应用研究》，2021。

［44］朱磊. 第四张报表推动银行数字化转型［J］. 银行家，2018（2）：115-117.

［45］ 朱扬勇，熊赟. 大数据时代的数据科学家培养［J］. 大数据，2016，2（3）：106-112.

［46］ 朱扬勇，叶雅珍. 从数据的属性看数据资产［J］. 大数据，2018，4（6）：65-76.

［47］ Acquisti, Varian. Conditioning prices on purchase history [J]. Marketing Science, 2005, 24 (3): 367-381.

［48］ Acquisti, Friedman, Telang. Is the cost to privacy breaches? An event study [J]. 27th International Conference on Information Systems 2006 Proceedings, 2006: 94.

［49］ Alhassan I, Sammon D, Daly M. Critical success factors for data governance: a theory building approach [J]. Information Systems Management, 2019, 36 (2): 98-110.

［50］ Benfeldt O, Persson J S, Madsen S. Data governance as a collective action problem [J]. Information Systems Frontiers, 2020, 22 (2): 299-313.

［51］ Gibson R, Hoesli M, Shan J. The Valuation of Illiquid Assets: A Focus on Private Equity and Real Estate [J]. Swiss Finance Institute Research Paper, 2022 (22-12).

［52］ Kyriazis N A. The nexus of sophisticated digital assets with economic policy uncertainty: A survey of empirical findings and an empirical investigation [J]. Sustainability, 2021, 13 (10): 5383.

［53］ Lugovsk Y D, Kuter M. Accounting policies, accounting estimates and its role in the preparation of fair financial statements in digital economy [C] //International Conference on Integrated Science. Springer, Cham, 2019: 165-176.

［54］ Milan Miric,Kevin J.Boudreau & Lars BoJeppesen. Protecting their digital assets: The use of formal & informal appropriability strategies by App developers [J]. Research Policy, Vol 48, 2019 (10): 1037-1038.

［55］ Posner. The economics of privacy [J]. The American Economic Review, 1981, 71 (2): 405-409.

［56］ Varian. Economic aspects of personal privacy [J]. Internet Policy & Economics,1996.

［57］ Viljoen S. A relational theory of data governance [J]. Yale LJ, 2021, 131: 573.

［58］ Yang Y, Chen T. Analysis and visualization implementation of medical big data resource sharing mechanism based on deep learning [J]. IEEE Access, 2019, 7: 77-88.